岩波現代文庫
社会 7

末弘厳太郎
佐高 信［編］

役人学三則

岩波書店

目 次

III

I

役人学三則

××君　いよいよお役所勤めをされるようになったそうでまことに結構です。ご両親もさだめしお喜びのことと思います。ところでお手紙によると、役人として必要な心得をきかせろというご注文ですが、不幸にしていわゆる役人生活の経験をもたない私には、とうてい官海游泳術その他手近にお役に立つようなことを申し上げる資格がありませんから、ただ平素外部から役人諸君に接触して感じた事柄をまとめてご参考のためお耳に入れたいと思います。もちろん申し上げたいことは軽重いろいろあるのですが、便宜上次の三ヵ条にまとめた上、その後に注釈めいたことを書きます。いかにも大学の法律先生らしいな、と笑ってはいけません。

×　　×　　×

第一条　およそ役人たらんとする者は、万事につきなるべく広くかつ浅き理解を得ることに努むべく、狭隘なる特殊の事柄に特別の興味をいだきてこれに注意を集中するがごときことなきを要す。

君ら若い方々はとかく理想にとらわれて一生をある種の事柄にささげたい、それには役人として自分の好むある種の事柄に力を集中してその道の専門的達人になりたい、というふうに考えがちであるが、君がもしも役人として出世を希望するのであるとすれば、かくのごとき態度は根本的に間違っている。現在の官制および官吏任用の実際は、ある種の行政事務に特別の興味を有し、したがって特殊の知識技能を有する役人が一生をその事務にささげつつ適当に出世しうるようにできていない。今まで××島支庁長をしていた人間を突然地方職業紹介事務局長にしたり、昨日まで法制局で法規立案の形式的事務に従事していた人を産業行政の局長にするようなことは現在の官海では尋常茶飯事である。先日ある医学博士は昨日まで警視庁の消防部長であった役人が急に衛生部長になるのはおかしいという主旨のことを新聞紙上に書いておられたが、現在の役人にとってはそういうことはなんらの不思議もない普通の事柄である。ある人を学務部長とする場合にも決してその人が教育事務の主任者として適当であるかどうかを考えるのではない、その人を役人としてある程度に昇進させる必要がある場合に、たまたまその必要なる昇進を与えるに適する地位が学務部長であれば、本人の知識技能いかんを問わずして学務部長に任用するのである。またある人が不良少年の教化に特別の興味を感じて少年審判所に勤めていても、官制の関係上その勤務をつづけるかぎり、ある程度以上に官等も上らず俸給も上ることをえない。したがって役人として相当の昇進を希望するかぎり、一生を不良少年の教化にささげるようなことは絶対に不可能である。だから特殊の専門的知識ないし技能を要すべき地位でも、決して必要な知識ないし技能を有する役人がそれを占めるとは限らないので、すべてはただ人繰りの関係から決められるのである。だから特殊の事務に興味を感じてそのほうの専門家になると、自然ほかに融通がきかないため、なかなか出世できない。そうしてほかから人繰りの関係上どんどん専門の知識なき役人が上役として転任してくる。だから出世という妄念をたちきってお寺にでも入った気でなければ、特殊行政の専門家になることはできないのである。

むろんこういうことが官吏制度として望ましいことでないことはいうまでもない。

すべての行政事務が実質的には比較的教養の足りない属官らの手中ににぎられて、長官はただ自身の出世を目標としつつ形式上その上に短期間すわっているというような実情が生ずるのはこれがためである。専門的知識をもたない、そうして任期の短い長官は、素人考えからいたずらに功績をのみ急ぐ。しっくりおちついて気永に考えるによってのみ適当に処理しうべき事務が個々の長官の個人的功名心満足の対象物になって実質的にその成績をあげえない。これでは下僚といえども真に身を入れて仕事をする気になれない。百害の因はまさにこの点に存するのであるが、現在の実情はまさにこのとおりである。

だから私はこの実情に対して根本的革正の加えられることを希望してやまないのだが、今若い一人の役人としてこの官海に飛び込まれた君に対しては、ただ実情はかくのごときものだからそのつもりでいないと出世の妨げになるぞという忠言を与えるのほか何事もできない。このことは平素かなり理想家である君に相当の失望を与えるに違いないと想像するが、事実は事実だからどうにもならない。君もいやしくも出世を希望するかぎり、夢にも専門家になってはいけない。万事を広くかつ浅く理解すべきである。少なくとも理解したような顔をする術を修行すべきである。そのつもりでせいぜい勉強したまえ。そうすると、同郷(!)だからといって××××に拾ってくれる先輩が時に現われないこともあるまい。まあせいぜい辛抱してその時を待ちたまえ。

第二条　およそ役人たらんとする者は法規を盾にとりて形式的理屈をいう技術を修得することを要す。

法規を盾にとって理屈をいう技術と法律学とは別物である。法律学のような高尚な学問を研究せずとも、法規に精通して形式的の理屈をいい有無をいわせず相手の議論を撃破したり要求をしりぞける技術を修得する必要がある。世の中では、とかく法科万能のなんのといって、いかにも法律的知識ないし技術を蔑視するようなことをいうけれども、いやしくも役人として出世しようとするかぎり、法規を盾にとる術に熟達することを要する。諸君は試みにお役所をたずねてみるがいい。法科出身ならざる役人といえども、いやしくも有能なる役人であるかぎり、すべてきわめてたくみに法規をあやつる術を心得ているのを発見するであろう。われわれ法律家の目からみると、これら技術出の役人の法律論は最も法律学から遠いものであるのだが、役人仲間ではああした法律論が最も役に立つので、いやしくも役人として出世せんとする以上、すべてその術を習得せねばならない。いかに相手のいうことが条理にかなっていると思っても、容易にその前に頭を下げるようではいけない。条理などは無視して法規一点張りで相手をねじふせなくてはいけない。どうもあの男は理屈ばかりこねてものがわからない、といわれるようにならなければとうてい役人として出世しない。

だから、今日われわれが教えているように、まず社会があり社会生活があっての法律である、というような考え方は役人にとって禁物である。よき役人はよろしく概念法学流に法規を材料としてなるべく簡単に取り扱えるような概念的範疇を用意すべきである。ひとの迷惑などを考えてはいけない。ちょうど軍隊で靴や着物に大中小三種類を作っておいてむりにもそのいずれかを着させるように、そうしてそのいずれをも着れないような大男や小男を兵隊にとらないように、なるべく簡単な概念的形式を作っておいて、相手のいうことをむりにもそのいずれかの中に押し込むか、またそのいずれにも入りえないようなものは全然排斥するようにしなければいけない。お役所ではよく、このごろの法学士はどうも法律ができなくて困る、といわれるそうだが、そのことこそまさにお役所法学の特異性を暴露するものにほかならないのであって、役人を志す人々はよくこの点に気をつける必要がある。

元来、官庁内の法規は官吏の行動に対して規準を与え、彼らの行動をして公平ならしめることを目的とするものである。すなわち法治主義の根本要求に適応するため官吏の専恣的行動を抑制するために制定されたものが法規である。したがって法規の存するところ官吏は必ず法規を遵守せねばならない。すなわち法規の存するところ彼らの行動は必ず法規に従って行われねばならないけれども、法規の不存在は決して彼らの行動を不可能ならしめるものではない。しかるに現在の役人は、しばしば法規の不存在を理由として行動それ自体を拒絶する。私はそれを根本的に間違っていると考える。裁判の例をとってみても、裁判規範たるべき法規の不存在は決して裁判拒絶の理由となるものではない。もしも裁判官が裁判規範なき事件について裁判を求められたならば、事件の実質を十分に審査した上、彼もし立法者なりせば立法すべき規範をみずから創定し、これを規準として裁判を与うべきであって、法規不存在のゆえをもって裁判を拒絶すべきではない。このことは、これに関する理論的説明ないしこれに関する裁判官の主観的意識それ自体にいろいろの差異あるにもかかわらず、現に一般裁判官によって遵守されている行動規準である。しかるに現在一般の役人は彼らが法規的に行動することを命ぜられていることから、ただちに法規の不存在は行動の不可能を意味するという結論を導き出しているように考えられる。彼らといえども行動の必要を感じ、しかもその規準たるべき法規を発見しえない場合には、事物の性質に応じてみずから適当なる法規を創定しつつ、これに従って行動しさえすればいいのである。しかるに、法規の不存在によってとかく行動の拒絶を理由づけようとするのが、現在の役人一般に通ずる弊風であって、私はそれを法治主義の誤解に由来するものとして排斥したいのである。

理屈をいってみればまあこんなことだが、現在のお役所には決して通用しない理屈である。だから役人として今の世に出世しようとする人々は夢にもこんな理屈にかぶれてはいけない。なるべく簡単な——したがってみずから取り扱いやすい——概念的範疇を作っておいて万事をテキパキと処理しうる能力と度胸とができなければ決してよい役人にはなれない。これに反してこれができるようになると、彼は頭がいいとか腕があるとかいわれて、出世できるようになるのである。

第三条　およそ役人たらんとする者は平素より縄張り根性の涵養に努むることを要す。

学校では、国家は矛盾なき一個の統一体である、と教える。だからすべての官庁は統一体たる国家の政治作用を分担するものとして国家目的のため互いに調和的に協働すべきものと観念されている。しかし実際の役所をそういうものと考えて役人になったら非常な間違いである。すべての役所はあらゆる機会を利用して自分の縄張りをひろげようと努力している。そのために常時積極的ないし消極的の権限争議をやっているのが現在の役所である。彼らは自己の縄張りを拡張したり維持するために、必要があると、国民の利益はもとより国家的利益をすら無視してなんらはばかるところがない。ある役所でなにか新しい仕事を始めようとすると必ずやほかの役所は主管事務の関係からいろいろと難癖をつける。そうして少しでもなにか利得を得ようとする。事が数省の主管に関係する重要事項であると、それに関する統一的制度を樹立する必要がいかに緊急でも、できるかぎりその統一せらるべき新制度を自己の主管下に置きたいという希望から、いろいろ互いにかけひきをする。それがため統一がおくれてもなんら介意するところがない。

例えば、現在統一的水法の制定と水関係の行政事務を統一する必要が非常に大きいにもかかわらず、関係官庁たる内務、農林、逓信の三省はいずれも互いに協調してこの統一事業を進める誠意をもたない。のみならず例えば、ある一省がそれに関する準備事務を進めると、あたかも敵国に対して軍機を秘すると同じような態度で、調査資料を秘密にするようなことをする。われわれ国民の目からみれば、ともどもに必要な資料を蒐集し互いに協調して、一日も速やかに事を進めてほしい。しかるに、もっぱら縄張り争いに熱中する役人らには、全くそれができないのである。

またよくみる実例だが、例えば甲官庁である新しい事務を始めようとすると、乙官庁からいろいろと難癖をつける。そうして表面上は主管事務の関係からいろいろ理屈をいうものの、結局は自分のほうにも当該事務に関して多少とも費用がとれたり官制上人員を増加することができれば、それで妥協するような場合が非常に多いのである。
　こういうことを一々例をあげて説明するときりがないし、また多少関係者に気の毒な点もあるから具体的にはいわないが、その弊害たるや容易に外部から予想しえないほどはなはだしいのである。君も官海の生活に深入りしてゆくとおいおいに気づかれるに違いないと思うが、今からそのつもりで覚悟していないととんだ失策をすることがありうる。他省となにか協議する場合のごときかりにも妥協譲歩の態度を示してはいけない。万一そんなことがあると上長の縄張り精神を傷つけておのずから出世の妨げになる。つまらぬことだが、よくよく気をつけないといけない。

×　×　×

　純真な若い役人としての君に、こんな暗い話をするのは実に不愉快である。しかし君も必ずや出世の希望に燃えているのだろう。ことに君の両親は君の出世の一日も早かれと神かけて祈っているに違いない。それを思うと、不愉快ではあるが、やはり以上のことをお耳に入れざるをえない。

実をいうと、今の××が君らに対して君らが期待するような光栄ある将来を約束しているかどうかについて、私は深い疑いをもっている。職工が特殊の技術を体得すべく努力するように、君らもおのおの得意とするところに精力を集中して、よい行政的職工になるように努力するほうがいいのかもしれない。そうして君らがその気になって出世を断念しさえすれば、君らの生活は今日からでももっと明るいものになるのかもしれない。ただ私は、今ここにこの点について、はっきりしたことを君にいいえないのをまことに遺憾とする。

（『改造』昭和六年八月号）

役人の頭

「法治主義」の研究は、現代の国家および法律を研究せんとする者にとって、きわめて大切である。私がそのことをいろいろと考えていた際、たまたま東京日日新聞社から何か書けという依頼を受けて、ふと筆をとったのがそもそも本稿の出来上った由来であって、内容は主として法治国と官僚主義との関係を取り扱ったものである。書いた時期は大正一一年の六月下旬である。

一

子供の時からのくせで新聞を読むことが変に好きです。外国にいたときなど、むろん語学のまずいためでもあるが、どうかすると半日ぐらい新聞読みに時を費やしたことがあります。かつて高等学校にいたとき、ドイツ語の教科書としてヒルティーという人の『幸福論』なる本を読まされたことがあります。その中に新聞を読んではいけない、ことに朝一番頭のいいときに新聞のような雑駁なかつ平易なものを読むと一日中の仕事欲を害する、ということが書いてありました。非常に感心して同室者一同――私の部屋には変に頑強な男がそろっていたのですが――と申し合わせて、なんでも半年ぐらい新聞の購読を中止したことがありました。それでも新聞を読むことの好きな私にはどうもがまんができないので、そっと図書館で読んでいるところを同室者にみつかってひどくおこられたことなどがありました。そんなことを思い出してみると、私の新聞好きもずいぶん古いものです。

今でも、毎朝たくさんの新聞を読みます。何がおもしろいのか知らないが、とにかくよく読みます。そうして読みながら種々のことを考えます。ところで、このごろの新聞を読んで、一番目につくのは何かというと、「殺人」、「情死」さては「大臣の待合会議」、「不正」、「疑獄」というような不愉快な文字がたくさん目につくのはもちろんのことですが、「人民の役人に対する不平」を記した記事の多いことは特に私の注意をひきます。そのうちから、最近最も私の注意をひいた一記事を例にひいて「役人の頭」という一文を草してみたいと思います。例証として引用する事柄を一つだけ引き離してみると、きわめて些細なできごとのように思われます。しかし、よくよく考えてみると事はきわめて重大です。これを機会に私は「人民の役人に対する不平」ひいては「国民の国家に対する不平反抗」という問題を多少考えてみたいのです。

二

今から一〇日ほど前の某紙寄書欄に一新帰朝者の税関の役人に対する不平が載っていました。それによると、税関の役人がその人の所持品を検査した際、一絵画のリプロダクションを発見して没収したという事件です。没収の理由はよくわかりませんが、多分わいせつの図画で輸入禁制品だというにあったのでしょう。

外国帰りの旅客がわいせつないかがわしい春画類の密輸入を企てることは実際上かなり多い事実のようです。日本に帰れば相当の地位にもつき、また少なくとも「善良の家父」であるべき人々が平気でそういうことをやるという事実はわれわれしばしばこれを耳にします。風教警察の目からみて国家がその防遏に苦心するのは一応もっともなことです。

けれども、今の問題の場合はそれではありません。没収された絵は春画ではありません。わいせつ本でもありません。それはイタリア、フィレンツェの美術館に数多き名画の中でも特に名画といわれているボッチッチェリー(一四四四―一五一〇年)の「春」(Primavera)です。それは「春」の絵に違いありませんが、決して「春画」ではありません。税関吏もまさかそんなしゃれを考えたわけではないのでしょう。やたらにただわいせつだと思って没収したに違いありません。そこで私は議論を進める便宜のためここにその画の写真を載せることを許していただきたいと思います。読者諸君は一応これを御覧の上、私のいうことを聞いていただきたいのです。

三

美術の専門家でない私には不幸にしてこの画についての詳しい適切な説明を与えることができません。けれども、一人の素人美術好きとしての私がかつてあの静かなフィレンツェのアルノ川に沿うて建てられた美術館の三階で、初めてこの「春」を見たときの感じ――それはとうてい私のまずい言葉や筆で十分に言い表わすことができるものではありませんが――を一言にしていうならば、それはむしろ「神秘的」な「ノイラステーニッシュ」なさびしい感じのするものでした。

しかも、それはなんともいわれないふしぎな「力」をもったものでした。外国を遍歴中ずいぶんさまざまの絵を見ました。けれども、この絵の実物を初めて見たときの感じほど深く私の心にほりこまれているものはあまりたくさんありません。そのむしろ陰鬱な重苦しい、しかもどことなくなつかしみのあるやわらかい色合いを私は今なお忘れることができない。その現実離れをしていかにも神経をいら立たせるようなふ

しぎな形と線とは理屈なしに私を引きつけたのです。私は今でもなおあの時の第一印象をありありと思い起こすことができます。

むろん私ごときものがどう思おうと、またよしんば天下の美術鑑賞家がいかに名画だということに一致しようとも、国家の風俗警察という目から見ればそこに必ずや独特の見解があるには違いありません。名画だから必ず絶対に風俗を壊乱しないとは限らないでしょう。名画を鑑賞するだけの能力をもたない低級な人間にとってはことにそうでしょう。私一個の考えでは「真の名画は絶対に風俗を壊乱することはない」と自信していますが、その考えを今ここで一般人に押しつけようとは思いません。

しかし、今ここで問題になっているこの「春」を見て、もしもこれをわいせつだとか風俗を壊乱するとか思う人があるとすれば、私といえどもまたその人の眼と頭とを疑わずにはいられません。この画は誰が見てもむしろさびしい感じのする画です。またかりに全く絵画に趣味のない人が見たとすればなんだか変てこな画だと思うだけのことでしょう。しかしもしも、これを見てわいせつだと思ったり、多少なり劣情を感ずる人があるとすれば、それはよほど低級なアブノーマルな人間に違いありません。

したがってあの記事にあったように、もしも税関の役人が旅客の十分な説明にもかかわらず、なおこれを理解しないでむりむたいに没収してしまったのならば、彼はよほど下等な変態的な趣味と性欲との持ち主であったか、または特に何か悪意をもってしたことだと私は断定したいのです。

読者諸君はこの事件をもって一小下級官吏によってなされた些事なりとしてこれを軽々に付してはなりません。彼は一小下級官吏に違いありません。しかしこの具体的の事件について「国家」を代表したのは彼その人です。その以外の何者でもありません。外国から帰ってくる幾多の旅客がまず最初に接する「日本国」はすなわち彼です。そうしてその彼が旅客の携帯する「名画」のわいせつと否とを判断してその輸入の許否を決するのだと思えば、どうしてこの事件を一小事として軽視することができましょう。相手は「彼」一個人ではないのです。「国家」そのものです。この当該事件については「彼」の目、「彼」の頭がすなわち「国家」の目であり頭です。「役人の頭」を問題にしないで何としましょう。

四

「役人の頭」だからといってわれわれ人民の頭とたいして違うわけはありません。だいたい同じような境遇に育ち、同じような教育を受け、同じようなものを食って生きている以上、「役人の頭」だけが特別なわけはない。彼らもわれわれと同じように、美しきを見ては美しと思い、悲しきを聞いては悲しと思うに違いありません。

現在のいわゆる「法治国」においては役人はだいたい「法律」でしばられている。したがって、あまりわがままのきかぬようにはできあがっている。しかし、それでもまだかなりひろい範囲において自由裁量の権限を与えられています。すなわち役人は常に必ずしも「法律」という既定の標準のみによって事を裁断する必要なく、いつでもある程度においては自己の意見を加えて、自由の裁断をなしうるようにできています。しかも、その役人の自由裁量によって、われわれ人民は貴重な財産、自由、名誉、生命などまでをも奪われるようにできているのです。「法治国」とはいうものの実は恐ろしい話である。それにもかかわらず、われわれ人民が比較的驚かずに安心して生きているのは、彼ら「役人の頭」もだいたいわれわれ人民の頭と同様であろう、われわれが美しいと思うものは彼らも美しいと見てくれるであろう、またわれわれが悲しいと思うものは彼らもまた悲しいと聞いてくれるであろう、とこう思えばこそである。われわれは役人もまたわれわれとだいたい同じような心意作用をもつであろうという信頼のもとに、とにかく安心して生きているのである。

「役人」はわれわれ人民にくらべて特別に上等だとか、特別に公平だとか、特別に国に忠義だとかいうように考えて、彼らに信頼しているのではない。もしも、そんな特別なものであって、われわれ普通の人民とは全然別個の世界に住んでいるものだとすれば、われわれは「役人心理学」とでもいうような特別な講義をきいた上でないと、安心してこの世に生きながらえることができないわけです。しかるに幸いにも、われわれ人民が特にかかる講義をきく必要もなく、また特に法律の知識がなくとも、だいたい良心と常識とに従って行動していさえすれば、まずまず「役人」にしかられずにすむのは、役人もまたわれわれと同じ人間だからです。

このことはあらためてことごとしくいうまでもないきわめて当然な事柄である、と私は考えます。しかるに実際において、われわれがときどき耳目にする役人の行動はややともすれば私のこの信念を裏切ろうとします。そうしてそのたびごとに、私は「役人の頭」を疑わざるをえなくなるのです。なんとなく自分らもあの役人のもとで安心しているわけにはいかぬ、役人のほうでどうにかなってもらうか、ないしはああいう「頭」の役人がいなくなるような仕組みをつくらなければ安心していられないような気がするのです。

私のような比較的「役人」に近い学問を専門とし、「役人養成所」だと世間から悪口をいわれている帝国大学の法学部に職を奉じ、役人にたくさんの知己をもっている者ですら、とかくそう思われてならないのである。してみれば、世間普通の人々の目には現在の「役人の頭」がもっとよほど変に映っているのではあるまいか。そうして彼らのうちの多数者たる利口者は、「役人」はああいうもの、「国家」はこういうものと大きくあきらめて、長いものには巻かれるほかないと考え、また彼らのうちの皮肉屋は、冷眼をもって「役人」と「国家」とをながめて、これに嘲罵と皮肉とをあびせ、なおまた彼らのうち勇気ある反逆者たちは、かくのごとき「役人」とこれによって代表される「国家」に向かって、いむべきのろいの声をあげているのではあるまいか。私にはどうしてもそう思われてならないのです。

五

「役人」はよく「近頃の若い者は国家心がうすくて困る」という。しかし、私は事実なかなかそうではない、今日の若い者の大多数は今日なおかなり熱心な国家主義者だと思う。がもしも、今の若者に多少なりとも、国家をきらうふうがあるとすれば、その最も大きな責任者は「国家」を代表する「役人」であるように思われてならない。役人や長老たちはややともすれば、若者のこの傾向をもって「外来思想」の結果なりとする。なるほどそれも多少あろう。けれども、「外来思想」はただ彼らを目ざめしめただけのことである。目がさめて目を開いて彼らが見たところの「国家」さえ事実において善美を尽くしていたならば、彼らの目ざめはむしろ慶すべきことでこそあれ、なんら恐るるに足りないのです。しかるに、目ざめた彼らが、事実多少なりとも国家に向かって不満をいだくとすれば、それは「国家」すなわち国家を代表する「役人」の罪である。「国家」をしてかくのごときものとみえしめている「役人」の罪である。

役人も個人としてみれば――多少の例外を除くほか――すべて普通の人間です。立派な同胞であり、親であり、夫であり、子であります。ところが、それがひとたび「国家」を代表して外に対するときは突如として一変します。その際の「彼」は単なる「役人」であって、その本来の「個人」とは全く縁のないものになるのです。そうして従来の官吏道徳においては役人がかくのごとくになればなるほど、「公平無私」だとか、「忠誠恪勤」だとかいってそれを賞めるようです。しかし、いったい事はそれでいいのでしょうか？　私は心からそれを疑うのです。

むろん役人はみだりに私情をはさんで不公平やわがままをしてはなりません。なぜならば、彼らはそういう目的のために役人の地位を与えられているのではありませんから。けれども、さらばといって、彼らが「国家」を代表する際には、全く人情も忘れ人間味を離れて、いわゆる「公平無私」の化身になりさえすればいいかというに、否、決してそうではない。彼らによって代表される「国家」もわれわれ人間の世界に出ていろいろなことをする。われわれはいやでも「国家」とつきあわねばならない。それならば、「国家」もまたごくつきあいやすい普通の人間のごときものでなければ、とうていよく普通の人民と調和して社会生活を営んでゆくことのできるわけはありません。そうして「国家」をしてかくのごときものたらしめるものはただ一つこれを代表する「役人」あるのみであることを考えると、役人もまた決して形式的な「公平無私」の化身になっていさえすればいいというような簡単なものではない。彼らは「国家」をして普通の人間のごとく、道徳的なかつ親しみやすいつきあいいいものたらしめねばならぬ、きわめて困難な地位にあるのです。

ところが役人はとかく、うち人民に向かって形式的な法規をふりまわすのみならず、そと他国に対してもへりくつを並べたがります。そうしてそのたびごとに国家の信用を内外に向かって失墜しつつあります。

六

私の考えでは、従来の法律家は——否、普通一般の人々も——法律の領分を不当にひろく考えすぎているように思います。私は、国民一般の心意としても、また役人の心掛けとしても、「法律の世界」はわれわれの日常生活とは離れた別個の世界だ、と考えているほうがいいのだと思います。われわれは日常「人間の世界」に住んでいる。その世界では「良心」と「常識」とに従って行動していさえすればいいのであって、また普通の人にとってはそれだけで差支えないことになっていなければ困るのです。なるほど、人が集まって社会生活を営む以上、必ずやなんらかの形式において、国家を形成せねばならないが、国家がある以上はまた必ず法律がなければならない。なぜならば、各人の「良心」と「常識」とにのみ信頼して団体生活を営むことは事実とうてい不可能であるから。

それで「法律」は多くの場合、幸いにも「良心」と「常識」とに適合するようにできているから、われわれが日常生活において「良心」と「常識」とに従って行動していることは同時に「法律」に従っていることになる。そうしてそれがまず通常の場合であるために、ややともすれば「人間はすべて――みずからは『法律』を知らぬために気がつかないけれども、実は――『法律』によって日常生活を行動しているものと解すべきだ」というような考えが生まれるのです。けれども私をしていわしめるならば、その場合でも、人間はただ「良心」と「常識」とに従って行動しているのであって、「法律」によって行動しているのではない。ただ事件が裁判所その他国家のお役所に行ったときに初めて「国家の尺度」すなわち「法律」によって価値判断を受けるだけのことだ、と説明したいのです。例えば、われわれが他人から金を借りたとしても、民法になんと書いてあり刑法になんと書いてあるから、返すのではありません。われわれはただ常識上借りたものは返すべきだと考え、返さなければなんとなく気がとがめるだけのことです。これを一々法律がああ命じているからやっていると考えるのは、普通人の決してなさざるところであり、なすべからざるところである。

もしも、われわれが日常生活において一々法律のことを考えねばならぬとすれば、きわめてこっけいなことになる。第一たいがいのことをするのに必ず証拠をとっておかなければならない。例えば、ささいな買物にも一々請取りをとり、友人間のわずかな貸借にも証文を要求し、はなはだしきに至ると日常の書信も一々内容証明郵便配達証明附きで出さねばならぬようなことになります。しかし、もしも誰か実際にそんなことをやる人があれば、たちまち世の中から排斥されるに決まっています。変な奴だとか、勘定高い奴だとか、つきあいにくい男だとか、いってつまはじきされるに違いありません。ところが、法律家の中にはともすればそういうことを考えている人があります。

法治国の人民といえども、「常識」と「良心」とに従って行動していさえすればいいのです。またそうなくては困ります。法治国民はいざ裁判所なりお役所なりに出た場合に、法律を知らなかったといって抗弁することは許されない。すなわちひとたび「法律の世界」に入った場合には、法律という尺度によって価値判断を受けることをあらかじめ覚悟していなければならない。しかし、それは決して平素「人間の世界」の活動をするに際しても法律をそらんじ、これに従って行動せねばならぬという理由にはなりません。法を知らざることそれ自体は決して不徳ではない。徳と不徳とは常に道徳によって定まるのである。むろん、国家といい、法律といっても、人間が団体生活をなすについての必要品である。いやしくも団体生活をなす以上、とにかくそのおかげをこうむっているものとみねばならぬ。したがって常識上誰しも知っていてしかるべき法律を知らずにおりながら、ひとたびその適用を受けると、不平を唱えるというがごとき得手勝手は道徳上もまたこれを許しがたい。しかしさらばといって、法の不知は当然道徳上非難さるべきことのように考えるのは非常な誤謬であると、私は考えます。

七

しかし私が以上の説をなすのは、決して読者に向かって「法の不知」を奨励しているのではありません。諸君も国をなしている以上、法律を知るほうがいいのです。なぜならば、諸君がみずから正しいと思っている自己の「常識」と「良心」とが、客観的には正しくないこともありうるし、またたとえそれが正しくても不幸にして法律の命ずるところには違背していることもありうるのですから。しかもそれにもかかわらず、私は諸君に向かって「諸君は法律は知らずともいい、しかし常識と良心とに従って行動せねばならぬ」ということを高唱したいのです。そうしてそれは現在のわが国にとって最も必要な考え方だと私は信ずるのです。

われわれが日常生活を営むにあたっては、「良心」と「常識」とのみを標準としていさえすればいい。法律のことは「法律の世界」に入ったときに考えさえすればいい。日常生活に法律は禁物である。もしそうでなくて、われわれの行動が常に必ず法律を標準としてなされねばならぬものだと仮定すれば、われわれ普通の人間は、多くの場合、行動の標準の知りがたきに苦しまねばならぬ。またともすれば、法律に従って行動していさえすれば、他の点はどうあろうとも、「国民」として正しく行動しているものとみるべきだというような謬見をよびおこし、もしくは「その場の議論に勝ちさえすればいい」とか、「免れて恥なし」というような気風を醸成するおそれがあります。イギリスの諺に「よき法律家はあしき隣人なり」という言葉があるそうです。日本でも、なまはんか法律を学んだ都帰りの法律書生は農村の平和擾乱者です。法律を知っている者はとかく法律をふりまわしたくなる。「常識」と「良心」とに従って行動することを忘れて、法律を生活の標準にしようとします。その結果、彼はついに「あしき隣人」となるのです。それゆえに私は国民に向かって「法律を知れ」とすすめる前に、むしろその「良心」と「常識」とを正しきものたらしめよと説きたいのです。

ところが、私らのような法律を扱うのをもって職業とする者、その他大臣以下諸役人、議員、裁判官、弁護士らは平素あまりに法律に近づきすぎる。その結果ややもすれば、法律をもって百般を律しやすい。「常識」と「良心」とによって、これを判断することを忘れやすい。私は近時の議会その他政治界をみてことにその感を深くするのです。

私はこの際世人一般はもとより、法律家ことに役人は、かのキリストのいった「カエサルのものはカエサルに返せ、神のものは神に返すべし」という言葉を深く味わわねばならぬと思います。

八

普通の人間が「法律の世界」に入ってみても別にたいして驚かない、「人間の世界」におけるとだいたい同じように事が運んでいる、ということになっていなければ、法律と国家との威信はとうていこれを保ちがたい。法律と社会との間に溝渠ができることは国家の最も憂えるところでなければならない。かくのごときは国家の不徳です。国家は全力を尽くしてその救治をはからねばなりません。

古来、暴君はしばしばその救治策として「道徳」を命令してみました。そうして人民をして暴君みずからの欲する法に近づかしめようとはかりました。現在わが国の政治家、ことに警察ないし司法に関係している役人の中には、今日なお同じような思想をいだき、法をもって「淳風美俗」をおこそうと考えているものが少なくないようです。しかし、この策が古来一度も成功しなかったこと、ことに近世に至っては全く失敗に終っていることは歴史上きわめて顕著な事実です。

そこで、近世的国家はこれと全く正反対な方策を考えはじめました。すなわち人民をして「法律」——暴君の命令——に近づかしめる代りに、国家みずからが進んで「人間」に近づくことを考えました。その考えが制度になって現われたものが、議会政治であり陪審制度であり、またなにびとといえどもすべていかなる役人にもなりうるという今日の制度です。また法律の上でも、例えば民法第九〇条の「公ノ秩序ハ善良ノ風俗ニ反スル事項ヲ目的トスル法律行為ハ無効トス」というような規定は全く右と同じ考えの現われたものであって、学者はこれを総称してデモクラシーといいます。以下私はこれらのうち当面の問題に最も関係の深い「なにびとといえどもすべていかなる役人にもなりうる」という制度のことを考えてみたいと思います。

昔は「人民」と「役人」とは全く別の世界に住んでいました。したがって役人の世界すなわち「法律の世界」と「人間の世界」との間に大きな距離のあることは当然でした。それでも当時の人間は仕方のないものとあきらめていたのです。ところが近世になると、もはや人間はそれに満足することができなくなって、「役人の世界」と「人民の世界」との接近を要求しはじめました。しかし、それがために発明された制度がすなわち「なにびとといえどもすべていかなる役人にもなりうる」という今日の制度です。この制度の眼目は、「人間の世界」から人をつれてきてかりにこれをして「役人」の地位につかしめ、これによって「役人」したがってこれによって代表せられる「国家」の考え方をしてだいたい普通の人間のそれと同一ならしめんとするにあります。これによって従来は「役人」という全く別の世界の人間によってつかさどられていた仕事がともかくも「人間の世界」から出た役人によって取り扱われるようになり、その結果、人間は大いに安心することができるようになったのです。

元来、法治国はあらかじめ作っておいた法律すなわち尺度によって万事をきりもりしようという制度です。そうして近世の人間は公平と自由との保障を得んがために憲法によってその制度の保障されることを要求したのです。ところが人間というものはきわめてわがままかってなもので、一方には尺度を要求しながら、他方においてはその尺度が相当に伸縮する、いわば杓子定規におちいらないようなものであることを希望しておるのです。それは明らかに矛盾した要求です。しかし事実だから仕方がありません。国家はなんとかしてこれを満足させねばなりません。そうして政治の実際において、その矛盾した要求を適当に満足させているものは、すなわち「役人」である。

万事をあらかじめ法律で決めておくことは事実上とうてい不可能なことであるのみならず、生きものである人間は決してかくのごときことを好まない。そこで、一方においては法律をもって大綱を決めつつ同時に他方においてはその具体的の活用をすべて――人民と同じ世界の人間であるところの――「役人」に一任して、公平と自由とを保障しつつ、しかも同時にある程度に動きのとれるようにすることを考えたのが、すなわち今日の法治主義です。したがって法治主義のもとにおいて最も大切なことは、むろん一方においては法律をして真に「人間の世界」の要求に適合せしめることであるが、他方においては「役人」もまた普通の人間と全く同じものの考え方をするということです。それでこそ人民は安んじて国家に信頼することができるのであって、「役人」を「人間の世界」から採用する今日の制度の妙用は実にこの点にあるのです。

九

法治主義のもとにおける最小限度の要件は「役人」がわれわれとだいたい同じような考え方をしてくれるということです。「役人」もわれわれと同じように、美しきを見ては美しいと思い、悲しきを聞いては悲しいと泣いてくれてこそ、われわれも安心できるのである。ところが現在の実際はともすれば、この理想を離れがちになります。それははたしてなぜでしょうか？　私はそれを解して、せっかく「人間の世界」から借りてきた「役人」が、その昔「役人の世界」に住んでいた代りに、今度はまた新たに「法律の世界」という新しい別世界に住みたがるためだといいたいのです。すなわち、せっかく骨を折って作り上げたデモクラシーが精神を失って再び官僚主義におちいらんとしているためだといいたいのです。

せっかく役人を「人間の世界」から借りてくることを発明して、人間と法律との親しみを作ろうと考えた。ところが、その役人がひとたび「法律の世界」に入ると、「人間の世界」と違った考え方をするようになる。むろん、その昔、役人が「人間の世界」とは全く離れた「役人の世界」に住んでいたころには、その全生活が公私ともにすべて「人間の世界」のそれとはかけ離れたものでありました。これに反して、今の役人は「法律の世界」に入ったときだけ特別な考え方をする。そうして一時「人間の世界」から離れる。または少なくとも離れねばならぬもののように考える。これははたしてなにゆえであろうか。

その原因はいろいろあります。しかし、そのうち最も大きい原因は、すべていかなるできごとでもそれが役人の目に触れるときにはすでに「法律の世界」のことに化していることにあるのだと思います。元来は人間の世界に起こった事柄でも、それが役人の目に触れるのはいよいよ役所の門をくぐってからである。したがって役人がひとたび役所の門をくぐると、「法律の世界」のこと以外なにものにも接しなくなる。そこで「人間の世界」にあっては、よき夫であり、よき友であり、よき市民である人も、ひとたび役人として行動することになると、ともすれば「法律の世界」に特有な考え方のみをするようになるのです。そうして役人は公私を混淆してはならぬとか、公平無私でなければならぬとかいうような言葉の形式のみにとらわれて、根本はどこまでも「人間」らしくなければならぬ、ただその上さらに、いっそう公平無私となり、公私を混淆せざることにならねばならぬ、という根本義を忘れがちになります。

ことに、法治主義のもとにおける役人は法律によってかなりの程度に裁量の自由を制限されています。したがってうっかり融通をきかせた処分をやってしかられるよりは、まずまず法律の命ずるところを形式的に順奉していさえすれば間違いがない。そのほうが得である。第一、骨が折れなくていい。役人が一度こう考えたが最後、彼はただ法律を形式的に順奉することだけを心がけるようになり、法律の目的や役人の職分を忘れるようになる。ここで立派な官僚が出来上るのです。

元来、法治主義はあらかじめ法律を決めておいて役人の専恣を妨げ、これによって人民の自由を確保する目的でできた制度である。しかるに、その法律がかえって役人の官僚的な形式的な行動に対する口実となってしまう。かくのごときは決して法治主義本来の目的ではなかったのです。しかし一方において役人を法律によってしばればーーことにしばりすぎればーーその当然の結果として役人の行動が形式化しやすいのは当然です。なぜならば、自由のないところに責任は生まれないから。換言すれば、法治国はきわめて官僚主義におちいりやすい素質をもったものだといいうるのです。ただその素質、傾向をしてあまりはなはだしきに至らしめない唯一のよりどころは役人の心がけです。これ私が「役人の頭」のみが今日の国家制度を生かしてゆく唯一の頼りだというゆえんであります。

一〇

次にまた役人は大なる権力の持ち主です。「人間の世界」は別として、ひとたび「法律の世界」に入ったが最後、その世界に通用するだけの是非善悪は、ともかくも、すべて役人によって認定されることになっています。むろん役人といえども法律によって大いに束縛されている。また下級の役人の判断は上級の役人によって監督され批評される仕組みにできている。けれども、訴訟手続がめんどうにできているとか、また証拠をあげることが困難であるとか、その他種々の理由によって、たとえ役人のあやまった不当な判断によって権利利益を害された者でも、事実上、上級の役人に訴えてその批判を受けることが困難になっています。このことは現在の行政庁系統の役人によって権利を害された場合につき最も多くみる例であって被害者は結局泣き寝入りになるのほかない。したがって役人は法律によってしばられているものの、国民に対する関係においては、法律上ないしは事実上なお大きな「専断力」をもっているのです。しかし、役人にかかる専断力を与えるのは制度の必要上やむなきに出た事柄であって、いささかたりとも役人がその専断力を濫用することは事物本来の性質上断じて許すべからざるところなのです。しかるに役人はややともすれば、事をビジネスライクに運ぶため、またはその威儀を保つために、専断力を濫用します。それはきわめて恐るべきことです。いったい法律上または事実上、専断力、モノポリーの力をもっている者は大いに慎まねばなりません。なぜならば、常に必ず多少のむりがきくからです。けれども、それはその者にとって最も危ないことなのです。ところが役人はややともすれば、それをやりがちなものであって、その結果、国家までをも国民憎悪の的たらしめるに至るのです。

国家は法律の府です。けれどもまた同時に、われわれ「人間の世界」にきたってともに事をします。したがって、その国家はわれわれ普通の人間にとって親しみやすい交際しやすいものでなければなりません。普通の人間が相互の交際において法律をふりまわせば必ずつまはじきをされる。なぜならば、その人は他人にとってきわめて交際しにくいからです。しかるに、役人が法律を盾にとって自己の不穏当な行為をかばうようなことがあれば、それはすなわち彼によって代表された国家みずからが法律をふりまわしたことになります。彼が国民によってつきあいにくい奴だと思われるのはきわめて当然のことだといわねばなりません。

役人は法律によってしばられたきわめて仕事のしにくい気の毒な地位にあるのです。ですから役人が法律を適用して本来「良心」と「常識」とに従って行動した人々をして法に触れることなからしめる苦心に向かっては大いに敬意を表します。しかし、さらばといって、自己の不当処置をかばう盾として法律を使うことは絶対に許されない。なぜならば、かくのごときは実に国家をしてつきあいにくい奴たらしめるゆえんだからである。

国家もまた普通の人間と同じように「良心」と「常識」とに従って行動しなければならぬ。しからざれば必ずやその威信を失墜します。国民は彼を信じなくなり、愛しなくなります。そうして国家をしてかかる行動をなさしめるものはただ一つ「役人の頭」あるのみである。役人はその役人たる地位にあるときも普通の人間のごとく考えねばならぬ。かくしてこそ国民は彼とともに喜び、彼とともに泣くのである。ここにおいて私は、『大学』の中にある「天子より庶民に至るまですべて身を治むるをもって本となす」という言葉の意味深遠なるを思わざるをえないのです。

二

以上の私の議論に対しては必ずや次のような非難がありうると思います。私の議論は全く国家の指導的職能を忘れていはしないかという疑問がすなわちそれです。しかし私はその点を忘れてはいない、否、大いに考えているのです。

私といえども国家に指導的職能あることを認めます。そして国家がその種の職能を最も明瞭にかつ大仕掛けに実現した事例は実にわが国の明治時代だと思います。幕末に至るまで永く東海の孤島に孤独平安の夢をみながら眠っていたわが国は明治維新とともに目ざめました。目ざめてみると、われわれの外部にはわれわれがまだ一度も見たことのない物質的ないし精神的の偉大な文化の花園がひろく美しく咲きほこっているのに気がつきました。世界の舞台に乗り出さねばならぬ、乗り出すにはまず彼らと同じ程度の文化に到達せねばならぬ。

こう考えたわれわれの父祖はまっしぐらに西欧文明の跡を追って走り出したのです。しかし、そう考えてみると、国民一般はまだ十分に目がさめていない。先覚者はまず彼らの目をさまさなければならぬ。目をさました上で、さらに彼らを導かねばならぬ。そうして当時この先覚者の役目を尽くした者は——福沢先生のごとき偉大な民間の指導者もあったことはむろんであるが——主として役人であった。先覚者たる役人は、あるいは国内に大学を建てたり、あるいは秀才を外国に送ったりして、人才の養成に力を致しました。西欧文化の吸収に努力したのです。素質のあったわが国民は実によく吸収しました。その結果、わずか四、五十年の間にわれわれは実によく——少なくとも形式だけでも——欧米の文化に近づくことができたのです。そうして国民をしてここに至らしめた最も大なる功労者はいうまでもなく明治の役人です。

明治五〇年の間役人は陣頭に立って国民を「西欧文明」に向かって突進せしめました。国民もまた実によくその指揮に従って突進しました。しかしながら兵家はよく「兵をして突進せしむるものは指揮者の信念と決心とである」といいます。明治が終って大正に入ったころ、われわれは形式だけはとにかく欧米の文化に追いつくことができた。そうしてわれわれは多少安心をしました。ところが夢中で突進してきた者にとっては、その安心は実に恐るべき安心でした。その結果、指揮者の決心もにぶり、国民もまた多少疲労をおぼえるに至ったのです。ことに役人が今までもっぱら目標として国民を導いてきた西欧の文化は、今や行きづまりを示して新たに向かうべき天地を求めています。今まで深く考えずに、ただ西欧文化を追うて走った独自力にとぼしい役人は、たちまち行きづまりました。

「さてわれわれはこれから何を目標として進もうか？」そのとき国民は役人に向かっていいました。「さてわれわれはどこへ行けばいいのですか？　あなたはわれわれをどこへつれてゆくつもりですか？」と。しかし役人は十分この問いに答えることができませんでした。その答えをきいた国民が疑いはじめたのは当然です。不安を感じた彼らは、あたかも成年に達したか達せぬかの子供が突然その父母を失ったと同じように、これからは自分の進むべき道を自分でさがさねばならないのだと考えはじめました。しかし、今まで盲目的に導かれて走ってきた者が、突然指導者を失って急に目をあけてみても、さて自らどちらへ行っていいのかを判断することはきわめて困難です。それはちょうど戦地において敵の軍使を迎える際にまず布をもって彼の目をおおうた上、車をもってある距離を走らしめ、しかる後はじめてその布を除く、かくして目かくしを除かれた軍使には、とうてい敵陣の様子を十分知ることができないのと同じことです。また現在、自己がどこに立っているかを知らぬ者にとっては、いかに詳細な地図もなんらの効能もないのと同じことです。国民はおのおの自己のよしと思うところをたずねて動きはじめました。ある者は古きをたずね、ある者は新しきを追うて。そうしてそのうちきわめてわずかな者だけがみずから考えはじめました。これを称して人は「民心の混乱」というのです。

まだ明治の夢をみている役人と伝統主義者とは驚きました。「民心統一」せざるべからずと考えたのです。しかし、彼らが従来人民を導きえたのは西欧文化という他人からもらった目標をもっていたからです。ただそれだけを目標として別に深く考えることなしに指揮的態度をつづけてきたのです。ところが今、ようやく追いつきかけたと思うところに欧米はもはや新しい別な方向に向かって進もうとしている。否、すでに進みはじめました。ここにおいて役人と伝統主義者とはもはや彼を追うことはできないということに気がついた。けれども、しからばみずからに独自な別個の目標ありやというに、むろんそれはない。

彼らは従来、あまりに修養を怠りすぎたのです。「自分ははたしてどっちへ行ったらいいのだろう?」彼らはこう疑いはじめたのです。独自力のない彼らはそのとき考えました。欧米もはや追うべからずとせば、わが国みずからの古きに返るよりほか仕方がない。こう考えた彼らは、たちまち復古主義者となって、五〇年来深いお世話になった、そうしてみずから神のごとくにあがめていた、欧米の文化をたちまち弊履のごとくなげうって口汚くののしりはじめました。

そうして外来思想を非難し、魂の抜けた「えせ武士道」を鼓吹し、はなはだしきに至っては物質文化まで排斥し、精鋭な新武器をすてて再び刀をかつぎだすようなことを唱えはじめたのです。彼らの「民心統一」といい、「民力涵養」といい、「淳風美俗」というものがすなわちそれです。しかし、彼らの「復古」はただ昔の「さび刀」をたち切った上新たにこれによって新武器をきたえあげたのではありません。それがためには彼らはあまりに独自力が足りないのです。

二

明治の役人は人民の指導者でした。彼らは先覚者でした。彼らは知識において一般国民よりもすぐれていたのはもちろん、道徳的にもまた国民の儀表たるべきものとしてみずからも任じ人もまたこれを許していたのである。少なくとも彼らはかくあるべきものとして一般に要求されていたのである。しかし当時のわが国はもっぱら西欧文明のあとを追うことにのみ忙しかったのであるから、多少なりとも普通人以上に欧米の事情に通じ、その文化を理解することのできた者は、先覚者として役人として人民を指導することができたのです。

ところが、その役人が今日ではもはやひたすら西欧文明を追ってさえおればいいということではなくなりました。ことに最近、欧州文化の行きづまりとその新たな転向とは、わが国の伝統主義者をして従来のごとくひたすら彼を追うことの危険なるを感ぜしめました。今まで、彼が楽園だと思ってめざしていたものが、たちまち地獄にみえだしたのです。ここにおいて、彼らは急にわが国にはわが国独特の目標がなければならぬということを高調するに至りましたけれども、元来単なる模倣者、輸入者たるにすぎざりし彼らには遺憾ながら創造力がとぼしい。独自性が足りなかった。それがため、彼らはそのみずから高調するわが国独特の目標を自力をもって創造することができないで、再び「伝家のさび刀」をかつぎだしました。そうしてそれに「淳風美俗」とか「剛健質実」とかいう名をつけて、これこそは国民を指導すべきわが国独特の目標であると唱えはじめたのです。そうして、彼らが明治において行った指導的職能を今日もなお保持し実行せんとしています。なるほど、彼らの主張する「淳風美俗」も「剛健質実」も、それ自体たしかにいいことに違いありません。しかしながら、この刀は彼らみずからがあまりに長くこれをしまっておいたために、お気の毒ながらさびています。また彼らがその刀をしまっておいた間に、世の中はもう遠く刀の時代を去って、一六インチ砲や飛行機の時代となりました。もしも、彼らの刀がさびていない精神のこもったものであるならば、あるいはこれをもって一六インチ砲と戦うことができるかもしれません。しかし、彼らのそれはさびています。彼らは今や、むしろさび刀をたち切って、これを精鋭な新武器にきたえなおすべきです。ところが彼らには、それを実行するだけの創造力がない。いたずらにさび刀をふりまわして、大声人を恫喝する以外、なにごとをもなすことができないのです。

いったい人を導く者は導くだけの力がなければならぬに決まっています。たとえ、今までは導いてきた者でも、ひとたびその力を失ったならば、いさぎよくその地位をひくか、または少なくともその指導的態度を放棄すべきです。その力を失ったにもかかわらず、依然としてその指導的態度をあらためない者は、もしみずからその力を失いたることを知るにおいては「悪」であり、もしまた知らざるにおいては「愚」である。導かれる者の迷惑これよりもはなはだしきはないのである。今やわが国の人々は、物質方面においても知識的方面においても、もはや役人の指導を要しなくなった。いわんや道徳的方面においてはそうである。しかるに従来、これらの諸点において指導的地位にあったところの役人は、今もなおかくあるべきもの、またありうるものと考えています。そうしてみずからの力の足らざるを顧みようとはしません。「悪」にあらずんば「愚」なりというのほか評すべき言葉がありません。明治の間役人が各方面ともに指導的態度を保持することができたのは、全く当時の例外的の事情にもとづくのであります。一方においては官民こぞって西欧文明の追随に腐心した時代であること、他方においては役人が一般に西欧文明についての先覚者であったこと、それが彼らをして指導的地位に立つことをえしめ、またはこれを余儀なくせしめたのです。ところが大正の今日は、全く事情が変わりました。もはや国民と役人との間にはなんら知識の差等がありません。国民は今や、役人の指導をまつことなしに、自由に考え自由に行いうるに至ったのです。

しかるに役人がそれをさとらずに依然として従来の指導的態度を維持せんとするがごときはきわめておろかである。いわんや精神を失った「伝家のさび刀」によって、それを行わんとするに至っては言語道断であります。今やわれわれ日本国民は疑いはじめた、みずから考えはじめた。多年の間もっぱら役人によって指導されつつ盲目的に突進してきた国民は今や目ざめてみずから考えはじめたのです。しかも因襲の久しき多数の国民はみずから考えんと欲しつつその考える力にとぼしい。彼らは全く創造力と独自性とを失っている。しかもささやかながら、彼らのみずから考えんとしているあの努力をみよ。国民は今や目ざめたのである。われわれは彼らの目ざめをして真に意義あるものたらしめねばならぬ。なぜならば、みずから文明国をもって誇るわが国が明治維新このかた世界人類の文化のためになにものを貢献したか？　わが国民ははたしてどれだけの創造力があるのか？

それらの点を考えると、国民の創造力を養成することが刻下の最大急務のように思われてならないからである。

せっかく今や、ようやく盲目的服従の習慣から離れて、みずから考えみずから行動せんとしはじめたのです。国家とその役人とは、今や全力を尽くしてその動きはじめた傾向を助長すべきです。

そうしてみずからは「指導」をすてて「謙虚」につくべきです。ここにおいて私はいいたい。刑や法によって「淳風美俗」をおこそうと考えてはならぬ。みずから確信ある活力ある道徳的の規準を有せざるにかかわらず、なおかつ「民心の統一」に腐心するをやめよ。彼らの美しいといったものは国民もまた異口同音に美しいと合唱した時代はすでに過ぎ去った。一時の例外的現象にすぎない明治の夢を今もなおみていてはならぬ。目をあけて世の中を見よ。暁明はまさに来らんとしている。われわれは、みずから考えみずから行って、みずからの道徳を創造せんとしている。私はかく高唱しつつ、今後の国家と役人とがもっともっと謙虚なものになってほしいと希望するのです。

そうして国家も役人も、われわれ普通の人間の考え方を制御することにのみ腐心せずに、むしろみずからをむなしうして、みずからもまた普通の人間と同様に考えうるようになることを心がけてほしいのです。なぜならば、「役人の頭」が「人民の頭」

と一致することは国家制度の生きてゆく最小限度の要件であるから。

一三

今や役人はその態度と考え方とをあらためねばならぬ。「指導」より移って「謙虚」につかねばならぬ。そうしてわが国人をして真に世界人として世界人類の文化のために貢献しうるように、自由に考え、自由に行わしめ、もってその創造力と独自性とを十分に発揮せしめねばならない。そうしてそのことは「思想」の問題、「道徳」の問題、「美術文芸」の問題について、ことに痛切に感ぜられます。なぜならば、これらの問題は、一方においては、いずれも国家と法律と役人とにとって最もにがてな問題である。問題本来の性質上、役人の指導を許さざるもの、役人はただこれを取り締まる以外なんらの能力もあるべきはずのない事柄だからです。しかも他方において、わが国人をして今後人類文化のためになにものかを貢献せしめるがためには、これらの方面における国人の考え方と活動とをして、自由に活躍せしめねばならないからです。今日わが国はあらゆる方面において行きづまっています。政治においても、経済においても、法律においてもそうです。道徳の方面においても、また同様だということができましょう。旧来のものはすべてその権威を失いました。また少なくとも失わんとしています。伝統主義者はこれをみて慨嘆しています。けれども私はかくしてこそ、わが国がいきいきと伸びてゆくのだ、これこそ実に新日本への木の芽立ちと考えています。役人はなにゆえにこの伸びてゆく若芽を刈らんとするのであろう？

彼らはみずから称して「思想を善導する」という。しかし「善」とははたしてなにか。彼らははたして確信をもってこれに答えうるものであろうか？　否、私はそうは思わない。なぜならば、今やまじめに考えている国民はみなひとしく「善とはなんぞや」の問いに答えかねて煩悶を重ねている。彼らもまたその例外であるはずはないからです。

「善」とはなんぞや。国民はみなその問いに答えかねて偉人のくるのを待っている。そのときにあたって、役人が「伝家のさび刀」をかつぎだして、われこそは「思想の善導者」である、と大声疾呼したところで、誰かまじめにこれを受け取る者があろう。この際役人もまた人間の間に下りきたってみな人とともに「善」とはなんぞやという普遍の公案を考えねばならない。かくしてこそ、彼らもまた国民とともに悲しみうる真の人間らしい役人となりうるのであって、それのみが今日の国家をして永く安泰ならしめる唯一の策だと私は考えるのです。

一四

なお終りに一言いっておかねばなりません。今の役人の中で無性に「伝家のさび刀」をありがたがり、これによって国民を「善導」せんとする者はむしろ上役の者に多い。しかも、この考え方は十分下役に徹底していないために、ややともすれば下役の考え方を強制する。その結果、みずから行いつつある行為について十分の確信をもたない下役の役人が、とにかく上官の命ずるところに従って、形式的に行動していさえすればいいと考えるような、忌むべき現象を生ぜしめた。しかしながら、かくのごときは、かかるみずから確信なき役人の行為によって取り締まられる国民にとっては、きわめて迷惑であるのみならず、役人をして道徳的に堕落せしめるゆえんだと私は確信します。下役の役人が行動するにあたって、ただ単に「上官の命令なるゆえに」と考えるだけで、みずからなんらの自信もないならば、そのそとに現われた行動はいかに形式上合法的にできていても、真に人民を服することのできるわけがありません。また役人が日夕かくのごとき行動を繰り返さねばならぬとすれば、ついには彼らの道徳心が麻痺するに違いありません。真に人間らしく「良心」と「常識」とをもととして考えようと努める代りに、とにかくうわべだけ上官の命令を奉じているようにみせかけていさえすればいいというようになるに違いありません。そうして私にはどうも現在の役人がもはやその弊におちいりつつあるように思われてならないのです。下役人がサボる、不正をやる、人民につらくあたる。われわれは毎日そういういやなうわさを耳にします。そうして上役人は「綱紀粛正」とか称して下役人をしばったり督励しようとしているといううわさを耳にします。しかし私をしていわしむれば、それは決して下役の罪ではない。下役といえども飯を食わねばならぬ。その下役をして道徳的に自信のない行動をむりやりにやらせて、事久しきに及べば、彼らが道徳的に堕落するは当然です。したがって彼らをして堕落せしめたのは実に上役の罪であると私は思います。下役が道徳的に同感であろうがなかろうが、むりに事を命じてやらせる。その当然の結果として上役の目を盗むことができさえすれば何をやってもいいという考えを生ぜしめる。それはちょうど法律のむりな強行がややともすれば人民の徳性を害し、法律に従っていさえすれば何をやっても差支えないというような考えを生ぜしめやすいのと同じです。

この意味において現在の役人は、一には法律によってしばられ、二には上役の命令によってしばられた、きわめて困難な気の毒な地位にあるのです。しかもその「役人の頭」のみが今の国家をして長く活力あらしめる唯一の保障であることを考えると、役人の責務のきわめて重いことを感ぜずにはいられません。ここにおいて私は、一方には立法府および上役に向かってその法律と命令とを下役の道徳的要求に合致したものたらしめ、下役をしてその良心に従って行動することをえしめよといいたい。

また役人みずからに向かっては、諸君は役人たる前にまず人間たることを心がけねばならぬ、法律によって思惟せずに、良心と常識とに従って行動せねばならぬ、といいたいのです。諸君はも一度「カエサルのものはカエサルに返せ、神のものは神に返すべし」というキリストの言葉の意味を、またもしこの言葉がいやならば「天子より庶民に至るまですべて身を治むるをもって本となす」という『大学』の語を十分に味わっていただきたいと希望します。

なぜならば法治主義は実に諸君の頭のみを頼りにした制度だからです。

II

嘘の効用

法律以外の世界において一般に不合理なりとみなされている事柄がひとたび法律世界の価値判断にあうや否やたちまちに合理化されるという事実はわれわれ法律学者のしばしば認識するところである。そうして私はそこに法律の特色があり、また国家の特色があると考えるがゆえに、それらの現象の蒐集および考察が、法律および国家の研究者たる私にとって、きわめて有益であり、また必要であることを考える。その意味において、私は数年このかた「法律における擬制」(legal fiction, Rechtsfiktion)の研究に特別の興味を感じている。そうして本文は、実にその研究の中途においてたまたま生まれた一つの小副産物にすぎない。これはもと慶応義塾大学において講演した際の原稿に多少の筆を加えて出来上ったものであって、雑誌『改造』の大正一一年七月号に登載されたものである。

一

われわれは子供のときから、嘘をいってはならぬものだということを、十分に教えこまれています。おそらく、世の中の人々は――一人の例外もなくすべて――嘘はいってはならぬものと信じているでしょう。理由はともかくとして、なんとなく皆そう考えているに違いありません。「嘘」という言葉をきくと、われわれの頭にはすぐに、「狼がきたきた」と、しばしば嘘をついたため、だんだんと村人の信用を失って、ついには本当に狼に食われてしまった羊飼の話が自然と浮かび出ます。それほど、われわれの頭には嘘をいってはならぬということが、深く深く教えこまれています。

ところが、それほど深く刻みこまれ、教えこまれているにもかかわらず、われわれの世の中には嘘がたくさん行われています。やむをえずいう嘘、やむをえるにかかわらずいう嘘、ひそかにいわれ陰に行われている嘘、おおっぴらに行われている嘘、否時には法律によって保護された――したがってそれを否定すると刑罰を受けるようなおそろしい――嘘までが、堂々と天下に行われているほど、この世の中には、種々雑多な嘘が無数に行われています。

実をいうと、全く嘘をつかずにこの世の中に生き長らえることは、全然不可能なようにこの世の中ができているのです。

そこで、われわれお互いにこの世の中に生きてゆきたいと思う者は、これらの嘘をいかに処理すべきか、というきわめて重大なしかもすこぶる困難な問題を解決せねばなりません。なにしろ、嘘をついてはならず、さらばといって、嘘をつかずには生きてゆかれないのですから。

二

私は法律家です。ですから、専門たる「法律」以外の事柄についてては――座談でならばとにかく――公けに、さも先覚者ないし専門家らしい顔をして、意見を述べる気にはなれません。法律家は「法律」の範囲内にとどまるかぎりにおいてのみ「専門家」です。ひとたびその範囲を越えるとただちに「素人」になるのです。むろん「専門家」だからといって絶対に「素人考え」を述べてはならぬという法はないでしょう。けれども、その際述べられた「素人考え」は特に「専門」のない普通の「素人」の意見となんら択ぶところはない。否「専門」という色眼鏡を通して、物事を見がちであるだけ、その意見はとかく一方に偏しやすい。したがって普通の「素人」の意見よりかえって実質は悪いかもしれないくらいのものです。しかも世の中の人々は、ふしぎにも「専門家」の「素人考え」に向かって不当な敬意を表します。普通の「素人」の「素人考え」よりは大いにプレスティージュをもつわけです。例えば、世の中には無名の八公、熊公にして、演劇に関する立派な批評眼を具えているものがいくらもいます。ところが、何々侯爵とか、何々博士とかが少し演劇に関して「素人考え」を述べると、世の中はただちにやれ劇通だとか芝居通だとかいって変に敬意を表し、本人もいい気になって堂々と意見を公表などします。侯爵や博士のくせに芝居のことも人並みにわかる珍しい男だというくらいならばともかく、その男がさも「専門家」らしい顔をして「素人考え」を臆面もなく述べるのをきくとき、また、世の中の人々がこれに特別の敬意を表するのをみるとき、私は全く不愉快になります。かくのごときは実に一種の「不当利得」にほかならないと私は考えています。しかし世の中の「専門家」はとかくこの点を間違えやすい。世の中の人々も、普通にその同じ間違いを繰り返して「専門家」の「素人考え」を不当に尊敬します。私は全く変だと思います。

私は法律学者です。ですから「法律」および「学問」についてだけはともかくも「専門家」として意見を述べる資格があるのです。だから今ここに「嘘の効用」と題して嘘をいかに処理すべきかという問題を考えるにしても、議論はむろんこれを「法律」および「学問」の範囲内に限りたいと考えます。一般の道徳ないし教育などに関する問題として、いかにも「玄人」らしく意見を述べることはどうも私のがらではありません。

「法律」の上で、また「学問」一般について、「嘘」は善かれ悪しかれいろいろの働きをしています。それを考えてみることは、ひとり「法律家」にとってのみならず、一般の人々にもかなり興味あることだと思います。ことに私は、私の「法律」および「学問」に対する態度を明らかにするがためには、この「嘘の効用」についての、私の考えを述べることがきわめて重要であり、少なくとも大いに便利だと考えているのです。それが、私のこの稿を起こすに至った主な動機です。

三

私はまず法律の歴史の上に現われたいろいろの「嘘」を二、三例示したいと思う。そうしてその「嘘」が実際上いかなる働きをしたかを考えてみたいと思います。

法律とか裁判とかいうことを考えると、われわれは、じきに大岡越前守を思い起こします。そうして彼こそは、裁判官の理想、名法官であると考えます。今日われわれの世の中に行われている裁判がとかく人情に適しないとか、人間味を欠いているとか、または裁判官が没常識だとか、化石しているとかいうような小言を耳にするたびに、われわれは大岡裁判を思い起こします。そうしてああいう人間味のある裁判がほしいと考えます。

しからば、大岡越前守がかくのごとくに賞讃され、否、少なくとも講談や口碑にまで伝えられるほど、その昔において人気があったのは、はたしてなぜでしょうか。私は、不幸にしてこの点に関する学問的に精確な歴史的事実を知りません。いわゆる大岡政談の中に書かれている事実のすべてが、真に大岡越前守の業績であるかどうかについて、毫も正確な知識をもっていません。しかし私にとって、それはどうでも差支えないのです。たとえ、あの話の全部が大岡越前守の真実行った仕事ではないとしても、あれがいわゆる大岡政談となって今日にまで伝わったということは、いかに当時の人々が、あの種の裁判を歓迎したかを明らかに証拠だてるものです。ですから、私が今これからいうところの大岡越前守は、実は大岡政談に現われた大岡越前守を指すのであって、それが歴史的真実と合致するや否やは毫も私の意としないところです。

大岡越前守の裁判は、なにゆえに人情の機微をうがった名裁判だといわれるのであろうか。一言にしていうと、それは「嘘」を上手につきえたためだ、と私は答えたいと思います。嘘は善いことだとか、悪いことだとかいう論はしばらく別として、大岡越前守が嘘つきの名人であったことは事実です。そうして上手に嘘をつきえてほめられた人です。大岡政談を読んでごらんなさい。当時の法律は、いかにも厳格な動きのとれないやかましいものであった。それをピシピシ厳格に適用すれば、万人を戦慄せしめるに足るだけの法律であった。しかも当時の裁判官はお上の命令であるところの法律をみだりに伸縮して取り扱うことはできぬ。法律は動くべからざるもの、動かすべからざるものであった。この法律のもとで、人情に合致した人間味のある裁判をやることはきわめて困難な事柄です。しかも大岡越前守はそれをあえてしたのです。しかも免職にもならず、世の中の人々にも賞められながら、それをやりえたのです。

しからばどうしてそれをやりえたか。その方法は「嘘」です。当時の「法律」は厳格で動かすことができなかった。法を動かして人情に適合することは不可能であった。そこで大岡越前守は「事実」を動かすことを考えたのです。ある「事実」があったということになれば「法律上」必ずこれを罰せねばならぬ。さらばといって罰すれば人情にはずれる。その際裁判官の採りうべき唯一の手段は「嘘」です。あった「事実」をなかったといい、なかった「事実」をあったというよりほかに方法はないのです。そうして大岡越前守は実にそれを上手にやりえた人です。

しかし、これと同じ手段によって裁判の上に人間味を現わしたのは、ひとり大岡越前守のみに限るのではなく、おそらく至るところの裁判官は――むろん時代により場所によって多少程度の差こそあれ――皆ひとしく同様の手段を採るもののように思われます。例えば、ローマのごときでも、奇形児を殺した母をして殺人の罪責を免れしめるがために、裁判官はしばしば monstrum の法理を応用したといわれています。

ローマでは、たとえ人間の腹から生まれたものでも、それは奇形児で十分人間の形を備えていない場合には、法律上称して monstrum(鬼子)といい、これに与えるに法律上の人格をもってしなかった。この考えは、ローマにおいてはきわめて古くから存在したようであるが、後のユスチニャン法典中にも法家パウルスの意見として Digestorum Lib. I. Tit. V. de statu hominum L. 14 中に収められている。ところである母が子を生んでみると、それがみにくい鬼子であった。そういう子供を生かしておくのは家の恥辱でもあり、また、本人の不幸でもあると考えて、母はひそかにこれを殺してしまった。やかましく理屈をいえば、それでもやはり一種の殺人には違いない。しかしさらばといって、その母を殺人の罪に問うことは裁判官の人間としてとうてい堪えがたいところである。社会的に考えてもきわめておろかなことです。そこで裁判官は、なんとかして救ってやりたい、その救う手段として考えついたものが、この monstrum の法理です。母は子を殺した、しかし殺したのは人にあらずして monstrumであった、したがって罪にはならぬ。と、こういう理屈をもって憐むべき母を救ったのだということです。

今日の発達した医学の目からみれば、「人」の腹から「人にあらざるもの」が生まれるわけはどうしてもありえないのでしょう。しかし、さらばといって、ローマ人はばかだ、無知だと笑ってしまうのはやぼです。なるほど、それは不合理でしょう。しかしとにかく、これで人の命が救われたのです。そうして当時の人は多分その裁判官を賞讃したに違いありません。

またわれわれは、徳川時代の御目付役は「見て見ぬふりをする」をもって大切な心得としていたということを聞きます。合理的にやかましくいえば、いやしくも犯罪を発見した以上、御目付役としてはすべてこれを起訴せねばならぬわけです。ところが、それを一々起訴すればかえって世人は承知しない。その結果「見て見ぬふりをする」すなわち「嘘をつく」をもって御目付役の美徳(?)とされていたものです。ところがこの同じ事はひとり旧幕時代のみに限らず明治、大正の世の中にも行われている。刑事訴訟法が今年改正になりました。その以前には明らかな規定がなかったにかかわらず、学者の多数はいわゆる「便宜主義」(Opportunitätsprinzip)と称して、犯罪を起訴するや否やは検事の自由裁量に一任されているものだと主張し、司法官もまたその考えを実行していたのです。「便宜主義」と名をつければいかにもいかめしくなるが、実をいうと御目付役の見て「見ぬふりをする」のと同じことです。ところがこんどの新刑事訴訟法第二七九条ではついにこれを法文の上に現わして「犯人ノ性格、年齢及境遇並犯罪ノ情状及犯罪後ノ情況ニ因リ訴追ヲ必要トセザルトキハ公訴ヲ提起セザルコトヲ得」と規定するに至った。いわば「嘘」を公認した代りに「嘘つき」の規準を作り、その結果「嘘からまこと」ができたわけなのです。諸君は試みに司法統計のうち「嬰児殺」の部をあけてごらんなさい。今の検事がこの点についていかに多く「見て見ぬふり」をしているかを発見されるでしょう。

四

英米の法律には「名義上の損害賠償」(nominal damages)という制度があります。いったい損害賠償は、読んで字のごとく、実際生じた損害を賠償させることを目的とする制度ですから、たとえ権利侵害があっても、実際上なんらの損害もなければ、損害賠償の義務は発生しないわけです。そこで、例えばわが国においては、甲が乙の所有地内に無断で侵入した場合に、乙から損害賠償請求の訴えが起こされても、その無断侵入の結果、事実乙がなんらの損害もこうむっていなければ、不法行為の成立要件を欠くものとして乙は敗訴せざるをえない。むろんただ合理的に考えれば、乙にはなんらの損害もないのだから、これが賠償を求むべきなんらの権利なきは当然である。けれども甲が乙の権利を侵害したという事実だけは確実です。その点において甲は悪いに違いないのです。ですから権利侵害はあったがなんらの損害もないからという理由で敗訴し、その結果、名目上とにかく敗けたということになり、また同時に、敗訴者として訴訟費用を負担せしめられることは、乙にとってきわめて不愉快なことに違いありません。乙は「賠償はとれずともいい。しかし敗けたくはない」と、こう考えるに違いないのです。この際もしも名目上だけでも乙を勝訴者たらしめることができたら、彼はどれだけ喜ぶでしょう。

英米法の「名義上の損害賠償」は実にこの場合における乙を救う制度です。いやしくも権利侵害があった以上、そこに必ずやなんらかの損害がなければならぬ。その損害の象徴として裁判所は被害者に例えば金一銭を与えるとする。そうすれば被害者はたとえ金額は一銭でもとにかく勝訴したことになり、名目上はもちろん実利的にも訴訟費用の負担を免れるという利益がある。実際、損害の立証は立たぬ。しかし権利侵害があった以上必ず損害があったものとみなして、それを一銭という有形物の上に象徴するところがこの制度の妙味であって、「嘘」の効用のいちじるしい実例の一つです。

現在、わが国の法学者は一般に偏狭な合理主義にとらわれて「損害なければ賠償なし」という原則を絶対のものと考え、「名義上の損害賠償」のごときは英米独特の不合理な制度、とうていわが国に移すべからざるものと考えています。けれども、もしもわが国にこの制度が行われることになったならば、法律を知らぬ一般人の裁判所に対する信頼はどれだけ増大するであろうか、また不法行為法がどれだけ道徳的になるであろうか、私は切にそういう時期の至らんことを希望しているのです。しかし、それにはまず一般法学者の頭脳から偏狭な合理主義を駆逐して、もっと奥深い「合理によって合理の上に」出でる思想を植えつけねばなりません。

五

次に、欧米諸国の現行法はだいたいにおいて協議離婚を認めていません。離婚は法律で定めた一定の原因ある場合にのみ許さるべきもので、その原因が存在しない以上はたとえ夫婦相互の協議が成立しても離婚しえないことになっているのです。この点はわが国の法律と全く違ってきわめて窮屈なものです。しかし、いかな西洋でもお互いに別れ話の決まった夫婦が、そうおとなしくくっつきあってるわけがありません。いかにバイブルには「神の合わせ給える者は人これを離すべからず」と書いてあっても、お互いに別れたいものは別れたいに決まっています。そこで、夫婦の間に別れ話が決まると、お互いにしめしあわせて計画を立てた上、妻から夫に向かって離婚の訴えを起こします。裁判官が「なにゆえに?」ときく。妻は「夫は彼女を虐待せり、三度彼女を打てり」と答える。すると裁判官は被告たる夫に向かって「汝は原告妻のいうところを認むるや?」ときく。そこで、夫は「しかり」と答える。かくすることによって裁判官は欺かれて、離婚を言い渡す。もしくは事実の真相について疑念を抱きつつもなお離婚の判決をくだすのである。ですから、西洋でも実際においては当事者双方の協議によって離婚が行われている。そうしてその際使う道具は一種の「嘘」、一種の芝居です。

法律は人間のために存するものです。人間の思想、社会の経済的需要、その上に立ってこそ初めて法は真に行われるのです。かつては、社会の思想や経済状態と一致した法であっても、その後、社会事情が変わるとともに法は事実行われなくなる。また立法者が社会事情の真相を究めずしてむやみな法を作ったところが、それは事実とうてい行われない。離婚は悪いものだという思想が真実社会に現存しているかぎり、協議離婚禁止の法律もまた厳然として行われる。しかしひとたび、その思想が行われなくなると、法文上にはいかに厳重な規定があっても、実際の需要に迫られた世人は「嘘」の武器によってどんどんとその法律をくぐる。そうしてことははなはだしきに至れば法あれども法なきと同じ結果におちいるのです。

同じことは官吏の責任の硬化現象からも生じます。役人といえども飯を食わねばなりません。妻子も養わねばなりません。やたらに免職になっては妻子とともに路頭に迷わなければなりません。ある下級官吏がたまたまある場所を警戒する任にあたっていた。その際一人の無法な男がおどり出て爆弾を懐中し爆発ついに自殺したと仮定する。なるほど、その男の場所がらをもわきまえない無法な所作は、非難すべきものだとしても、たまたま、その場所で警戒を命ぜられていた役人をして絶対的の責任を負わせる理由はないわけです。その役人が責任を負うや否やはその役人が具体的なその場合において、警備上実際に解怠があったかどうかによって定まるので、偶然その場所にいあわせたというだけの事実をもって絶対的に定まるものではない。ところが現在わが国に行われつつある官吏責任問題の実際はこの点がきわめて形式的に取り扱われてはいないであろうか。停車場が雑踏した場合に、駅長がいかに気をつけても、中には突き飛ばされて線路に落ちる人もあろう。その際駅長が最善の注意を怠らなかったとすれば、彼にはなんらの責任もないわけです。責任はたまたまその突き飛ばした人ないしは雑踏の原因を作った人々にあるわけです。しかるに今の実際では、その際駅長なり駅員なりの中から、必ずいわゆる「責任者」を出さなければすまさないのではないでしょうか。

責任は、自由の基礎の上に初めて存在する。規則によって人の自由を奪うとき、もはやその人の責任を問うことはできないのです。しかるに、万事を規則ずくめに取り扱う役所なり大会社なりは、使用人の責任までをも規則によって形式的に定めようとします。その結果、責任は硬化し形式化して全く道徳的根拠を失います。

ところが、役人も生きねばならぬ。妻子を養わねばならぬ。その役人が自由を与えられることなしに、責任のみ形式的にこれを負担せしめられるとき、彼らははたして黙してその責任に服するであろうか。否、この際、彼は必ずや形式的責任の発生原因たる「事実」をいつわり、「事実」を隠蔽して、責任問題の根源を断とうとするに決まっています。すなわち、彼は「嘘」をつくのです。

右の例を引いた私は、決して最近わが国に起こったなんらか具体的の事件について具体的の判断をくだしたわけではありません。しかし、現在われわれがしばしば「官吏の嘘つき」という事実を耳にするのは本当です。もし、それが事実とすれば、その根源のいずれにありやを考えることは重大問題ではないでしょうか。私はその原因を

「責任の硬化」にあるのだと考えます。

親が全く子の要求をきかずに、親の考えのとおり厳重に育てあげようとすれば、子は必ず「嘘つき」になります。

六

以上に述べた二、三の例をみただけでも、「嘘」が法律上いかに大きな働きをしているかがわかるでしょう。

まず第一に、大岡裁判の例やローマの monstrum の話を聞いた方々は、法制があまりに厳重に過ぎる場合に「嘘」がいかに人を救う効能のあるものであるかを十分理解されたことと思う。そうして、いかな正直者の諸君も、なるほど「嘘」もなかなかばかにならぬと感心されたに違いありません。ことに、一国内の保守的分子が優勢なために、法令が移りゆく社会人心の傾向に十分に追随することができず、その結果「社会」と「法令」との間に溝渠ができた場合に「法令」をしてともかくも「社会」と調和せしめるものはただ一つ「嘘」あるのみです。世の中ではよく裁判官が化石したとか、没常識だとか申します。しかし、いかに化石し、いかに没常識であっても、ともかく「人間」です。美しきを見て美しと思い、甘きを食って甘しと思う人間です。ですから、まのあたり被告人を見たり、そのいうところを聴いたり、いろいろと裏面の事情などを知ったりすれば、「法」はどうあろうとも、ともかく「人間」として、ああ処分せねばならぬ、この裁判せねばならぬと考えるのは、裁判官の所為としてまさに当然のことだといわねばなりません。その際、もしも「法」が伸縮自在のものであればともかく、もしも、それが厳重な硬直なものであるとすると、裁判官は必ず「嘘」に助けを求めます。あった事をなかったといい、なかった事をあったといって、法の適用を避けます。そうして「人間」の要求を満足させます。それは是非善悪の問題ではありません。事実なのです。裁判が「人間」によってなされている以上、永久に存在すべき事実なのです。

また、役人の嘘つきの例をきかれた方々、西洋の離婚の話を読まれた方々は、「法」は現在多数の人々ことに司法当局の人々が考えているように、万能のものではないということを十分に気づかれたことと思う。「法」をもってすれば何事をも命じうる、風俗、道徳までをも改革しうるという考えは、為政者のとかく抱きやすい思想です。しかし「人間」は彼らの考えるほど、我慢強く、かつ従順なものではありません。「人間」のできることにはだいたい限りがあります。「法」が合理的な根拠なしにその限度を越えた要求をしても、人は決してやすやすとそれに服従するものではありません。もしもその人が、意思の強固な正直者であれば「死」を賭しても「法」と戦います。またもし、その人が利口者であれば――これが多数の例だが――必ず「嘘」に救いを求めます。そうして「法」の適用を避けます。ですから、「法」がむやみと厳重であればあるほど、国民は嘘つきになります。卑屈になります。「暴政は人を皮肉にするものです」。しかし暴政を行いつつある人は、決して国民の「皮肉」や「嘘つき」や「卑屈」を笑うことはできません。なぜならば、それは彼らみずからの招くところであって、国民もまた彼らと同様に生命の愛すべきことを知っているのですから。

とにかく「法」がひとたび社会の要求に適合しなくなると、必ずやそこに「嘘」が効用を発揮しはじめます。事の善悪は後にこれを論じます。しかしともかく、それは争うべからざる事実です。

人間はだいたいにおいて保守的なものです。そうして同時に規則を愛するものです。ばかばかしいほど例外をきらうものです。

例えば、ここに一つの「法」があるとする。ところが世の中がだんだんに変わって、その「法」にあてはまらない新事実が生まれたとする。その際とらるべき最も合理的な手段は、その新事実のために一つの例外を設けることであらねばならぬ。それはきわめて明らかな理屈である。しかし人間は多くの場合その合理的な途をとろうとしない。なんとかしてその新事実を古い「法」の中に押しこもうと努力する。それがため事実をまげること――すなわち「嘘」をつくこと――すらあえて辞さないのである。

ですから法律発達の歴史をみると、「嘘」は実に法律進化の仲介者たる役目を勤めているものであることがわかります。イギリス歴史学派の創始者 Henry James Sumner Maine はその名著『古代法』の中において、また、ドイツ社会学派の鼻祖 Jhering は不朽の大著『ローマ法の精神』の中において、この事実を指摘しています。そうして幾多の実例を古代法律の変遷現象中に求めています。しかしこの現象は決してひとり人智未開な古代にのみ限った事柄ではありません。文明が進歩してきわめて合理的に思惟し行動しうるようになったとうぬぼれている近世文明人の世の中にも、その事例は無数に存在するのです。

例えば「過失なければ責任なし」という原則は、ローマ法以来漸次に発達して、ことに第一八世紀末葉このかた全く確立するに至った原則です。現にわが民法にも欧米諸国の法律においてもこの原則が明らかに採用されています。けれども、最近物質文明の進歩、大工業の発達とともに、使う本人にとってはきわめて便利ではあるが、他人にとってはきわめて危険なやっかいな品物が、かなりたくさんに発明されました。また一般文化施設の必要上どうしても使わねばならぬ――否、少なくとも使えば便利ではあるが――その結果とかく他人に損害を与えやすいものがたくさん発明されました。自動車、汽車、大工場、貯水池、ガスタンクのたぐいがすなわちこれです。これらの品物はきわめて便利です。けれども、同時に危険なものです。ことにこれらの品物の利用によって損害を与えられた人々が、従来の「過失なければ責任なし」との原則に従って、みずから加害者の「過失」を立証するにあらずんば損害賠償を求めえないものだとすると、多数の場合に事実上、賠償請求の目的を達することができない。例えば、先日深川でガスタンクが爆発した。会社は不可抗力だと称し、被害者は会社の過失だという。もしも被害者が損害賠償を請求したければ会社の「過失」を立証せねばならぬというのが、従来の原則です。しかしタンクは爆発してすでに跡形もない今日、被害者ははたしてそんな立証ができるでしょうか。それは全く不可能であるか、または少なくともきわめて困難です。そうしてそれは自動車によってひき殺された人、貯水池の崩壊によって殺されたり財産を失ったりした人々にとってすべて全く同じことです。そこで近世の社会は従来の「過失責任主義」に対して、「無過失賠償責任」の原則を要求するに至ったのです。

立法者としては適宜にその新要求をいるべき新法令を制定すべき時がきたのです。「過失」のみが唯一の責任原因ではない。そのほかにも賠償責任の合理的原因とするに足るべき事例がある。それを基礎としてまさに新しい法律を制定すべき時がきたのです。学者も動きました。立法者も多少動きました。ドイツを初め諸国において制定された自動車責任法はその実例の一つです。けれども諸国の立法者が遅疑して進まず、またドイツの学者が紙上に無過失責任論を戦わせている間に、事実上一大躍進をとげたものはフランスの裁判所です。

フランスの裁判所は、本来主観的であるべき「過失」の観念を客観化せしめました。これこれの場合には当然過失あるものと客観的に決めてしまって、主観的な本来の意味の過失いかんを問わなくなりました。むろん口では「過失」といっています。しかし、そのいわゆる「過失」は実は「違法」ということと大差なくなりました。かくしてドイツの学者が正面から堂々と無過失責任の理論を講究し論争している間に、フランスの裁判所は無言のうちにその同じ目的を達してしまいました。そうしてその際使われた「武器」はすなわち「嘘」です。フランスの裁判所は「嘘」を武器として新法理を樹立したのです。

同じことはわが国現在の裁判官もしばしばこれを試みます。その最も顕著な一例は、去る大正九年九月一日の大審院判決に現われた事実です。事件の大要は次のとおりである。ある人が妻子を故郷に残して渡米したが、十分に金を送ってこないので、妻は他人から二、三十円の金を借りて生計の用にあてた。しかるに貸主が返金を請求したところ、妻は「民法第一四条によると妻は夫の許可を得ずに借財をするをえないのだから」といって借財契約を取り消して返金を拒絶した。この場合、民法第一七条に列挙した事由のいずれかが存するならば、妻は夫の許可を得ないでもいい。したがって右の契約は取り消しえないことになるのだが、あいにくと本件についてはそういう事情もないので、形式上はどうも妻の言分を採用せねばならぬようであった。ところが裁判所は「夫ガ出稼ノ為ニ、妻子ヲ故郷ニ残シテ遠ク海外ニ渡航シ、数年間妻子ニ対スル送金ヲ絶チタルガ如キ場合ニ在リテハ、其留守宅ニ相当ナル資産アリテ生活費ニ充ツルコトヲ得ルガ如キ特別ナル事状ナキ限リハ、妻ニ於テ一家ノ生活ヲ維持シ子女ノ教養ヲ全ウスルガ為メニ、其必要ナル程度ニ於テ借財ヲ為シ以テ一家ノ生計ヲ維持スルコトハ、夫ニ於テ予メ之ヲ許可シ居リタルモノト認ムベキハ条理上当然ニシテ、斯ク解シテ始テ其裁判ハ悉ク情理ヲ尽シタルモノト謂ハザル可カラズ」という理由で、妻を敗訴せしめた。この場合、妻が許可を得ていないのは事実なのです。しかし得ていないとすると、結果が悪い、貸主に気の毒だ、というわけあいで、裁判所は「許可」を擬制してしまったのです。すなわち事実許可はないのだが、表面上これありたるごとくに装い、それを飾るがために「条理上当然」とか「悉ク情理ヲ尽」すとかいうような言葉を使ったのです。この判決が出たときに、わが国自由法運動の最も熱心な代表者たる牧野博士は「之れこそ民法第十七条の例外が裁判所に依って拡張されたものだ」と解され、これと反対にわが国におけるフランス法派の大先輩たる富井博士はこれを難じて「第十七条の例外が拡張されたのではない、裁判所は事実許可があったと云って居るのだ」といわれた。われわれはこの小論争を傍観して、そこに外面に現われた文字や論理の以外に、両博士の心の動き方をみることができたように思われて非常に興味を感じたのです。「見て見ぬふりをする」フランス流の扱い方と、それを合理的に扱って進化の階梯にしようという自由法的の考え方との対照をみることができたのです。

八

かくのごとく、歴史上「嘘」はかなりの社会的効用を呈したものであります。現在もまた同じ効用を現わしているものと考えることができます。それは人間というものが、みずからはきわめて合理的だとうぬぼれているにかかわらず、事実は案外不合理なものだということの証拠です。

しかし純合理的に考えると、「嘘」はいかぬに決まっています。あった事をないといい、なかった事をあったというのは、きわめて不都合です。ですから、一般にきわめて合理的であり、したがって、一切の「虚偽」や「妥協」や「伝統」を排斥せんとする革命家は、ほとんど常に「嘘」の反対者です。法律制度として一切の擬制をその中から排斥しようとします。その例は今度のロシャの労農革命後の法律について多くこれをみることができます。例えば、一九一八年九月一六日のロシャ法律においては養子制度の全廃を規定しました。そうしてその理由書には「親子法においては、われらの第一法典はあらゆる擬制を排斥して、事実ありのままの状態、すなわち実際の親子関係をただちに表面に現わした。これ単に言葉によってのみならず、事実によって人民をして真実を語ることに慣れしめ、彼らを各種の迷信から解放せんがためだ」といわれているそうです。ですから、法律の中に「擬制」がたくさん使ってあることは合理的に考えてあまり喜ぶべき現象ではなく、むしろそこに法律改正の必要が指示されているものだ、と考えるのが至当です。しかし人間が案外不合理なものである以上、「擬制」の方法によって事実上法律改正の目的を達することはきわめて必要なことです。イェーリングは上記の『ローマ法の精神』の中においてこの真理を言い表わすがため、「真実の解決方法いまだ備わらざるに先立って擬制を捨てよというのは、あたかも松葉杖をついた跛行者に向かって杖を棄てよというにひとしい」といい、また「もしも世の中に擬制というものがなかったならば、後代に向かって多大の影響を及ぼしたローマ法の変遷にしても、おそらくはもっとはるか後に至って実現されたものが少なくないであろう」といっております。

しかし、「擬制」が完全な改正方法でないことはイェーリングも認めているとおりです。「擬制」の発生はむしろ法律改正の必要を、否、法はすでに事実上改正されたのだという事実を暗示するものとして、これを進歩の階梯に使いたいのです。ことに嘘つきには元来法則がありません。ですから、裁判所がこの方法によって世間の変化と法律との調和を計ろうとするに際して、もしも「嘘」のみがその唯一の武器であるとすれば、裁判所が真に信頼すべき立派な理想をもったものである場合のほか、世の中の人間はとうてい安心していることができません。かりにまた真に信頼すべき立派な理想の持ち主であるとしても、これのみに信頼して安心せよというのは、名君に信頼して専制政治を許容せよというにひとしい考えです。フランス革命の洗礼を受けた近代人がどうしてかよくこれを受け入れましょう。彼らは真に信頼しうべき「人間以外」のある尺度を求めます。保障を求めるのです。

さらにまた、もしも法が固定的であり、裁判官もまた硬化しているとすれば、法律の適用を受くべき人々みずからが「嘘」をつくに至ることと上述のとおりです。そうしてこれが決して喜ぶべき現象でないことは明らかです。子供に「嘘つき」の多いのは親の頑迷な証拠です。国民に「嘘つき」の多いのは、国法の社会事情に適合しない証拠です。その際、親および国家の採るべき態度はみずから反省することでなければなりません。また裁判官のこの際採るべき態度は、むしろ法を改正すべき時がきたのだということを自覚して、いよいよその改正全きを告げるまでは「見て見ぬふり」をし、「嘘」を「嘘」として許容することでなければなりません。

九

人間は「公平」を好む。ことに多年「不公平」のために苦しみぬいた近代人は、何よりも「公平」を愛します。「法の前には平等たるべし」これが近代人一般の国家社会に対する根本的要求です。そうして、いわゆる「法治主義」は、実にこの要求から生まれた制度です。

法治主義というのは、あらかじめ法律を定めておいて、万事をそれに従ってきりもりしようという主義です。いわばあらかじめ「法律」という物差しを作っておく主義です。ところが元来「物差し」は固定的なるをもって本質とするのです。「伸縮自在な物差し」それは自家撞着の観念です。例えば、ゴムでできた伸縮自在の物差しを使って布を売る呉服屋があるとしたら、おそらくなにびともこれを信用する人はないでしょう。同じように国家に法律があっても、もしもそれがむやみやたらに伸縮したならば、国民は必ずや拠るべきところを知ることができないで、不平を唱えるに決まっています。

ところが、それほど「公平」好きな人間でも、もしも「法律」の物差しが少しも伸縮しない絶対的固定的なものであったとすれば、必ずやまた不平を唱えるに決まっています。人間は「公平」を要求しつつ同時に「杓子定規」を憎むものです。したがって一見きわめて矛盾したわがままかってなことを要求するものだといわねばなりません。しかし、かりにそれが実際に「矛盾」であり「わがままかって」であるとしても、人間はかくのごときものなのだから仕方がありません。そうして人間がかくのごときものである以上、そこに行わるべき法律はその「矛盾」した「わがままかって」な要求を充たしうるものでなければなりません。なぜならば、われわれは空想的な「理想国」の法を考えるのではなくて、現実の人間世界の法律を考えるのですから。

しかるに、従来法を論ずる者の多数は人間を解してかかる「矛盾」した「わがままかって」なものだと考えていないようです。その結果、彼らのある者は、いやしくも人間が「法の前に平等」たらんことを希望する以上、同時に伸縮自在の「法」を要求してはならぬと主張する。そうして現存の「法」がある具体的の場合に、これを適用すると普通の人間の眼から見ていかにも不当だと思われる場合でも、「それは法である。適用されねばならぬ」という一言のもとにその法を適用してしまう。その態度はいかにも勇ましい。しかし、かくのごとくに勇ましくも断行した冷くして固きこと鉄のごとき彼らは、はたして内心になんらの不安もないでしょうか？　否、彼らもまた人間です。美しきを見て美しと思い、悲しきを聴いて悲しと思う人間です。必ずや、かくして人を斬った彼らの心の中には「男の涙」が流れているに違いない。もしも流れていないならば、それは「人間」ではありません。「法」を動かして「裁判」を製造することあたかも肉挽き器械のごときものたるにすぎません。われわれはかかる器械をして「人間」を裁くべき尊き地位にあらしめることを快しとしません。

しからば、心中「男の涙」を流しつつ断然人を斬る人々はいかん？　私はその人の志を壮なりとする。しかしながら同時にこれを愚なりと呼ばなければなりません。なぜならば、もしも「法」が全く伸縮しない固定的なものであり、またこれを運用する人間がこれを全然固定的なものとして取り扱ったとすれば、世の中の「矛盾」した「わがままかって」な人間は必ずや「いったい法は何のために存するのか？」といって「法」を疑うでしょう。そうしてその中の正直にして勇気ある者は「法」を破壊しようと計るでしょう。また彼らの中の利口にして「生」を愛する者どもはひそかに「法」をくぐろうと考えるでしょう。「法」をくぐってでも「生」きなければなりませんから。

彼らの中の正直にして勇気ある者はよく「嘘」をつくに堪えません。「嘘」をつくぐらいならば「命」を賭しても「法」を破壊しようと考えます。彼らは「嘘」をつかずに生きんがために、また子孫をして「嘘」をつかずに生きることをえしめんがために、「法」を破壊せんと計ります。そうして「法」を固定的なものとして考え、固定的なものとして取り扱わんとする人々の最も恐れている「革命家」は実にこの種の「正直にして勇気ある人々」の中から出るのです。

またそれほど正直でないか、または勇気のない多数の利口者は、「嘘」をついて「法」をくぐろうと計ります。「法」が固定的で、ある事柄が「有」る以上必ず適用されねばならぬようにできている以上、「有」をいつわって「無」という以外「法」の適用を免れる方法はない。「生」を熱愛する人間のこの方法に救いを求める、事や実に当然なりといわねばなりません。「法」を固定的なものとして考え固定的なものとして取り扱わんとする人々はかかる結果を好むのでしょうか？　否、彼らの最も憎みきらうところでなければなりません。しかし彼らがいかに憎みきらっても、「生」を熱愛する人々の「嘘つき」をやめることは事実上不可能です。彼らがこの否むべからざる人生の大事実に気がつかないのだとすれば、それはきわめて愚だといわねばなりません。

大河は洋々として流れる。人間がその河幅を狭めんとして右岸に鉄壁をきずく。水は鉄壁に突き当ってこれを破り去らんとする。しかも、事実それが不可能なことに気づくとき水は転じて左岸をつく。そうしてその軟い岸を蹴破ってとうとうと流れ下る。この際右岸の鉄壁上に眠りつつ太平楽を夢みるものあらば、たれかこれを愚なりとせぬものがあろうか。世の中に「自由法」なることを主張する者があります。そうしてまた「自由法否なり」として絶対的にこれに反対する人もあります。その「反対」する人々は大河をせき止めえた夢をみてみずから「壮美」を感ずる人々です。しかも実は左岸の破り去られつつあることに気のつかない人々です。それらの人々は、すべからく書斎を去り赤煉瓦のお役所を出でて、現実を現実としてその生まれたままの眼をもって、ありのままを直視すべきです。たいして骨を折ることはいりません。ただちに対岸の破壊せられつつあるのに気がつくでしょう。ところが、彼らの中にも利口者があります。口では「法は固定的なものだ」と主張しつつ実際上これを固定的に取扱って「壮美」を味わうだけの勇気のない人々です。彼らは、従来伝統ないし独断にとらわれて口先では法の「固定」を説きます。しかし、それを行いの上に実現することができない。しからば、彼らはその矛盾した苦しいせとぎわをいかにしてくぐりぬけるか？　その際彼らの使う武器は常に必ず「嘘」です。

むろん、裁判官――ことに保守的分子の優勢な社会または法治国における裁判官――が、かかる態度をとることはやむをえません。なぜならば、彼らはこの方法によってでも「法」と「人間」との調和をとってゆかねばならぬ苦しい地位にあるのですから。ところが、法律上、社会上毫もかかる拘束を受けていない人々――学者――がみずからのとらわれている「伝統」や「独断」と「人間の要求」とのつじつまを合わせるために、有意または無意的に「嘘」をついて平然としているのをみるとき、われわれはとうていその可なるゆえんを発見することができないのです。彼らがこの際採るべき態度は、一方においては法の改正でなければなりません。他方においてはまた、法の伸縮力を肯定し創造することでなければなりません。わずかに「嘘」の方法によって「法」と「人間」との調和を計りえた彼らが、これによって彼らみずからの「独断」や「伝統」を防衛し保存しえたりとなすならば、それは大なる自己錯覚でなければなりません。

一〇

われわれの結局進むべき路は「公平」を要求しつつ、しかも「杓子定規」をきらう人間をして真に満足せしめるに足るべき「法」を創造することでなければなりません。近世ヨーロッパにおいて、この路を採るべきことを初めて提唱したものは、フランスのGényでしょう。彼は従前フランスの裁判官が「嘘」によって事実上つじつまを合わせてきたものを合理的に観念せんがために「法」の概念に関する新しい考えを提唱したのです。その結果、まきおこされた自由法運動は、今より十数年前わが国の法学界にも影響を及ぼしはじめました。しかし、当時はただ法学界における抽象的な議論を喚起したるにすぎずして、ほとんど現実の背景をもっていなかった。しかるに、世界大戦以来、わが国一般の経済事情ならびに社会思潮に大変動を生じたため、突如として「法」と「人間」との間に一大溝渠が開かれることになり、ここに先の自由法思想は再びその頭をもたげる機会を見出しました。そうして事実それは「法律の社会化」という名のもとに頭をもたげました。

それはたしかに喜ぶべき現象に違いありません。けれども、この際われわれの考えねばならぬことは、いかに「杓子定規」をきらい「人間味のある裁判」を欲している人々でも、決して「公平」およびその「保障」の欲求をすてているのではないことです。一度フランス革命の洗礼を受けてきた近代人は、むなしき「自由」の欲求がかえって第一九世紀以来の社会的惨禍をひきおこす原因となった事実を十分に承知しつつもなお「自由」をすてようとはいいません。また、彼らは「法治主義」がややもすれば「杓子定規」の原因となることを十分に知っていながら、なおかつこの「公平の保障」をすてようとはいいません。ですから、われわれが「自由法」を唱道し「法の社会化」を主張するとしても、その際寸時も忘れることのできないのは人々に向かってその「自由」と「公平」とおよびその「保障」とを確保することです。

しかるに、近時学者の多く「自由法」を説き「法の社会化」を主張する者をみるに、あるいは「法の理想」といい、あるいは「法の目的」といい、ないしは「公の秩序、善良の風俗」という以外、真に社会の「公平保障」の要求を満足せしめるに足るべきなんら積極的の考察を提出しているのをみることができない。なるほど、それはよくともすれば「伝統」にとらわれやすい、同時にまた精緻な「論理」に足をすくわれて意気沮喪しやすい若者を鼓舞して勇ましく「新組織」への戦いに従事せしめることができよう。また従来深く根を張った「概念法学」「官僚主義」「形式主義」を打破する効力はあろう。しかし、もしも、学者のなすところがそれのみにとどまるならば、その功績はきわめて一時的である。過渡的である。ただ旧きを壊す以外、なんら人類文化のために新しいものを建設するものではない。おそらくは彼らが前門に「概念法学」を打破しえた暁には「公平」と「自由」との要求が後門よりただちに攻めきたりて彼らを撃つであろう。もしかくのごとくんば、みずからたまたま波の頭に立ってその谷にあるものの低きを笑うとなんらの差異があるか。やがては彼らみずからが波谷におちいって追い来る人々の笑いを招かねばならぬ。かかるものにはたしてどれだけの文化的価値があるか、私は心からこれを疑うのである。

いたずらに、むなしき「理想」を説き「公の秩序、善良の風俗」を云為する者は、結局、裁判官の専制を許容するものでなければなりません。やたらに「自由法」を主張して結局その目的を達した暁に、再び「自由」と「公平」との保障を探し求めるようでは何にもなりません。われわれの求めるところは「自由」や「公平」の保障を保持しつつ、しかも「杓子定規」におちいらないもの、換言すれば「保障せられたる実質的公平」にあるのです。

従来、裁判の中に「実質的公平」または「具体的妥当性」を現わさんとする者の執った手段にほぼ二種類あります。その一は名判官主義、その二は陪審制度です。名判官をして、自由自在に裁判をさせればとにかく個々の事件に対する具体的に妥当な裁判を得ることができましょう。けれども、かくのごときは現代政治の弊にこりて名君専制主義を謳歌するのと同じ思想です。いったい、私は、「文化」というものはある特殊の人にだけできる事柄を誰にも容易にできるようにすることであり、また学問はそれを容易にできるようにする手段であると考えている。名判官なくんば、名裁判はできないというだけのことならば、それは「法学」の否認でなければなりません。それは結局名工正宗さえあれば、本多光太郎博士はいらぬというのと大差なき議論です。われわれは、名判官にあらずといえども名裁判をなしうるような法、すなわち各具体的の場合について具体的妥当性、実質的公平を確保しうべき法を作らねばならぬ。しからずんばわれわれは「自由法」をかちえた瞬間に再び「自由」と「公平」とを恋うるに至るであろう。

次にまた、陪審制度は「法」をして同時に「人間」の要求に適合せしめる第二の方法です。名判官専制主義と正反対な手段によってこれと同一の目的を達せんとする方法です。裁判官はとかく「法」本来の目的たる「公平」の要求にとらわれやすい。その結果はややもすれば裁判が「人間性」を失いやすい。それを救うがために、多数の素人を法廷に列せしめて有罪無罪の基本を認定せしめんとするものすなわち陪審制度である。この方法は裁判をしてたえず世間とともに変動せしめ、「法」をしてふだんの伸縮力を有せしめる効がある。けれども、時にはあまりに伸縮性が鋭敏すぎるために各場合の具体的事情に支配されやすく、その結果ややもすれば「理」と「公平」とを欠きやすい。

この意味において、名判官専制主義と、陪審制度とは各反対の長短を有する。そうして「杓子定規」をきらいつつ、しかも「自由」と「公平」との保障を得んことを希望している現代人を満足せしめるがためには、両主義ともに共通の欠点を有する。

二

われわれは「尺度」を欲する。しかも同時に「伸縮する尺度」を要求する。実をいえば矛盾した要求です。しかも人間がかくのごときものである以上、「法」はその矛盾した要求を充たしうるものでなければなりません。

そこで私は、今後創造せらるべき「法」はおのおの具体的の場合について「規則的に伸縮する尺度」でなければならず、「法学」はまたその「伸縮の法則」を求めるものでなければならぬと信じます。「自由法運動」が単なる――ゴムのごとくに――「伸縮する尺度」を求めているかぎり、それはただ「過去」を破壊する効果があるにすぎません。

しからば「規則的に伸縮する尺度」はいかにしてこれを作ることができるか。これ実に今後「法学」の向かうべき唯一の目標であって、しかも、事はきわめて困難なる問題に属する。

私の考えによると、従来の「法」と「法学」との根本的欠点は、その対象たる「人間」の研究を怠りつつ、しかもみだりにこれを「或るもの」と仮定した点にある。すなわち本来「未知数」たるものの値を、十分実証的に究めずして軽々しくこれを「既知数」に置き換える点にあるのだと思います。むろん、すべての学問は仮説を前提とします。なぜならば、問いの中に与えられた数字のすべてをして——たとえかりにでも——既知数たらしめなければ、学問的に正確な答えを得ることはとうてい不可能だからです。しかし、その際利用すべき仮説は十分の実験の上に立った十分のプロバビリティーをもったものでなければならぬはずです。しかるに、従来の法学者や経済学者は本来Xたるべき人間をやすやすとAなりBなりに置き換えて、人間は「合理的」なものだとか、「利己的」なものだとか、仮定してしまいます。かくして、学者は容易に形式上だけはとにかく、正確(?)な答えを得ることができましょう。しかし人間は、合理的であるが、同時にきわめて不合理な方面をも具えており、また利己的であるが、同時に非利己的な方面をも具えている以上、かくして軽々しく仮定された「人間」を基礎として推論された「結果」が一々個々の場合について具体的妥当性を発揮しうるわけがないのです。

そこで私は、少なくとも法学の範囲においては、「人間」はやはり、ありのままの「人間」として、すなわち、本来の未知数Xとして、そのまま方程式の中に加うべきだと思います。むろん、われわれは人類多年の努力によって得た実証的の知識を基礎として、そのXの中に既知数たる分子を探求することに全力を尽くすべきです。しかも遺憾ながら、人類が今までに知りえた知識によると、X中既知数的分子はまだきわめて少ない。結局においては、なお多大の未知数的分子の残ることを許容せねばならないのです。ですから、そのXをみだりにAやBに置き換えるがごときはきわめて謙遜性を欠いた無謀の企てです。しかもさらばといって、XをXのまま置いたのでは学問になりがたい。なんとかしてそれを既知数化せねばならぬ。それがためにはまずできるかぎりXの中に既知数的分子たるａｂｃｄなどを求めねばなりません。しかし、それでもなお跡にはかなり大きな未知数が残るものと覚悟せねばなりません。そうしてその未知数をかりにxとすれば、従来の法学がXを軽々しくAやBに置き換えた代りに、これを(a+b+c+d+x)なる項にすることができる。むろんこの場合といえどもxの値の決定はこれを裁判官なり陪審官なりに一任することになるのです。したがって、裁判官なり陪審官なりが、いかなる思想を有するかは結局における答えの形成に対してきわめて重要な作用を与えるものなることもちろんではあるが、ともかくも、軽々しくXをAなりBなりに置き換えるのに比すれば、はるかによく各場合に対する具体的妥当性を発揮しうる。またXをそのままXとしてその値の決定を全部裁判官や陪審官に一任するに比すれば、はるかによく「公平」を保障しうる。かくして(a+b+c+d+x)の項中個々のａｂｃなどがあるいはa′b′c′などとなり、またあるいはa″b″c″などとなるに従って、これと相対的関係を保ちつつ、その「答え」が変動する。その「変動の法則」を求めるところに今後法学の進むべき目標があるのだと私は考えます。

われわれは、科学によって得た獲物を極度に利用すべきです。しかし、同時にまた獲物を過信すべきではありません。Xの中には永久にxが残るものなることを覚悟せねばなりません。いわんや軽々しくXをAやBに置き換え、これによって正確な答えを発見しえたりと考えるがごときは自己錯覚のきわめて大なるものだといわねばなりません。われわれは科学によってどこまでもXを解剖すべきです。そうして残るxの値を理想の基礎に立って定むべきです。法学における「正確さ」は実にかくのごときものでなければならないのです。

二

法学者としての私の主張は、これを具体的にいうと結局「判例法主義」(case law)にくるのです。多数の判決例の上に現われた個々の具体的事例を解剖して(a+b+c+d+x)を求めた上、これと「答え」との相対的関係を求めて、将来の事件において現わるべき「具体的妥当性」が何物であるかを推論する材料としたいのです。したがって個々の判決例は固定した「法」の各個の適用ではなくして、「具体的妥当性」を求めて千変万化する「法」の何物たるかを推論すべき重要材料だと考えるのです。

この意味において、私は今後の法学教育もまた「判例法主義」(case method)になってゆかねばならぬと確信しています。従来のごとく、XをかりにABなどに置き換えて正確(?)な結論を求めたと信じている法学は学生をして「法」の神髄を知らしめるゆえんではない。それはただ多少「論理」と「手練」とを習得せしめることができよう。けれども、かくして得た「法」は真の「法」ときわめて縁遠いものだといわねばなりません。

私は、この春から大学でケース・メソッドによって法学教育を始めました。それは今多くの人々によって問題にされています。けれども、それは決して従来のいわゆる演習(Praktikum)というような意味ではなく、私はこれによってのみ真に「活きた法律」「一定の法則をもって伸縮する尺度としての法」を教えることができるのだと考えています。

（一九二二・六・五）

小知恵にとらわれた現代の法律学

概念的に美しく組み立てられた法律学がだんだんと世間離れしてゆくことは悲しむべき事実である。そうしてそれは従来の法律学がその対象たる「人間」を深く研究せずして単純にそれを仮定したことに由来するのである。その意味において私は現在の法律学を改造する第一歩として一種のロマンチシズム運動が必要だと考えるのである。この文章は元来「法律学における新浪漫主義」と題して大正一〇年の春、中央法律新報社主催の通俗講演会のためにやった講演の速記に手を入れて出来上ったものであって、もともときわめて通俗的なものである。これを本書『嘘の効用』改造社、大正一一年〕に採録するについて標題を改めた理由は、私はみずからの主張にみずから何々主義というような名をつけることはあまり好ましくないと考えたからである。

一　緒　言

法律というものはむずかしいものです。ところがそのむずかしい法律の話をわざわざ三〇銭も出して諸君が聴きに来るのですから、そこにはそれ相当の理由がなくてはならないと思います。それで私は、諸君が法律に対してなにか興味をもたれ、また同時にある不足を感じておられる、その不足を充たすべき何物かをどこかに求めたいという希望が諸君の足を自然ここに引きつけたのではあるまいかと考えております。

ところで、法律はそんなむずかしいものでしょうか、またむずかしかるべきものでしょうか？　学者や法律家はよくこんなことを申します。「法律は別にむずかしいものではない、素人にはわからないかもしらぬが、われわれには非常によくわかっている」と、こう申すのです。ところが私など一〇年あまりもだんだんと法律学を研究してみましたが、法律学は依然としてむずかしく、そうしてわれわれ法律家にとってもいやに不自然なむずかしいことがたくさんあるように思われてならない。どうもわれわれの本当の人間らしいところに何かしっくりと合わない点があるように思われてならない。そうしてその感じは時とともにだんだん強くなるばかりです。

私が外国に行く前によくこんな話を聞きました。イギリスでは法律を学ぶためにロンドンの弁護士や裁判官を養成する学校に通う。そうしてその学校を卒業するためには一定の年限の間学校の食堂で飯を食わなければいけない。飯を食うことが日本でいえば法学士になる一つの要件である。その飯を食わなければ裁判官や弁護士にはなれない。その話を聞いたときに私は、イギリスには古来の伝習にもとづいて今日ではもはやなんら意味のないことがたくさん行われている、この飯を食うのも多分その例にすぎないのだろうと簡単に考えていました。ところが日本をたってアメリカに行ってみると、アメリカの大学における法律の教え方をみて第一に驚かされました。いったい日本では先生が高い壇へあがって非常にえらそうな顔をしてせきばらいをしながら、ひげをひねりつつもったいぶって講義をする。生徒はまるで蟹のようになって筆記をしている。これが日本の法律の教え方である。ところがアメリカでは最初一年生に法律を教えるのにでもそんなことはしない。裁判所の判決例を集めたかなり厚い本を各生徒にあてがう。そうして生徒は法律もなにも知らないのだが、とにかく先生の指図に従って下読みをして行く。ところが先生が「誰々！　この事件は何が書いてあるか」と法律もなにも知らぬ者に対して質問する。生徒は「これこれこういうことが書いてある」と答える。すると先生はだんだんに追及して、ついには生徒みずからむりやりに正確なことをいわなければならないようにもちかける。その結果、法律を教える教場に行くと、あたかも討論会でもやっているようで、生徒と生徒とが討論する。先生がまた中に入って指導しかつ討論の相手にもなる。そうして結局法律の原則は生徒みずから自分の努力で探し出すようにさせる。何のためにこんな教え方をするかというと、例えば化学を教える際に先生が頭から「これは何とか何とかなり」とえらそうな顔をして教えるよりは、生徒自身をして実験をさせてみずから原理を会得させるほうがいい。それと全く同じ考えを法学教育に応用したものです。これが現在のアメリカ法律の教え方ですが、この方法の実際に行われるところを毎日毎日みていると、だんだんと今お話ししたような長所が目についてくるとともに、ほかにいっそう大事な長所を発見しました。それはほかでもありません。従来日本の法律学者は人というものを、ただ理屈や小知恵や理知の持ち主として取り扱います。ところがわれわれが朝から晩までなしたことをあとから反省してみると、たくさんの行為の中には、自分の理知を標準とし理知のみにもとづいてすることが多いか、それともあるいは憤慨してみたり、あるいは赫怒してみたり、あるいは美術を見、音楽を聞いて非常に感心してみたり、なにかわからず朝から晩までの間に、われわれはとうてい理知をもって律すべからざる、実にいろいろなことをするものです。ところで法律というものはわれわれが朝から晩までするいろいろなことをそれぞれ法律の型に入れて、あるいは刑罰を科してみたり、あるいは金を借りたのならば返さねばならぬというようなふうに決めるものです。いわばわれわれが朝夕なすところを法律的見地から規律するもの、それが法律です。それならば人間をただ理知の持ち主としてのみならず、あらゆる心理作用の持ち主として取り扱い、そのありのままの人間を法律の上にも踊らせ、かかる自然の人間として法律が規律し、学者が説明することにしてはどうだろうか。こう考えてきたときに、今申しましたアメリカ式の法律の教え方には、この私の希望が自然に実現されていることを私は感じたのです。先ほども申しました学生のもっている判例集には判決の事実がそのまま書いてある。それをよく読んでくる。そうして討論をする。世の中の出来事がそのまま教室において生徒の眼の前に展開されるのです。そうして結局裁判所はこれこれの事実なるによりこれこれに判決を下したと、先生が最後に教えてくれる。先生は理屈よりも生徒をよい方に導くことに全力を尽くしているのです。しかるに日本の先生は壇の上からえらそうな顔をして抽象的な原則のみを教える。したがって真に人間の世の中を離れない生きた本当の法律を教えることができない。法律はどうしても人間味を離れた変なものにならざるをえないのです。アメリカの教え方をみるに、先生は学生にまっさきに判決例を読ませている。したがって、かくして教えられる法律は、われわれが小さな理知をもととして研究したり教えたりする法律にくらべると、はるかに複雑なものである。すなわち人間の情けも出れば涙も出てくる。あるいは怒りあるいは喜ぶ。そのすべての事柄が法律の上に出てきている。かくして法律が取り扱われるところをみると、なるほど法律というものは非常に複雑なものであると同時に、人間離れのしているものではないということに誰しも気がつくのであります。ここに至って初めて私は先に申しましたイギリスにおいて学生たちが学校の食堂で一定の年限飯を食わなければ法学士になれない理由がわかったのです。つまり、たとえ理屈だけがわかっても、真に法律家らしい生活経験をした者でなければ、法律家として完全なものだといえない、というわけなのだと思います。

今までのところ、日本において法律とは何であるかといえば、法律家がホンの小さな小知恵の持ち主として作ったにすぎない。そうしてその小知恵にもとづいて作られた法典をさらに小知恵の力でいろいろと論議をなし、これをもって「これわが法なり」と主張され教えられるのである。そもそも法律に最も利害関係の多い人間は誰かといえば、例えば刑法についていうならば犯罪をおかした犯罪人であり、また民法についていえば、例えば金を借りたとか物を売ったとかいうようなことで権利をもったり義務を負うたりする本人たち、それが一番法律の何たるかにつき利害関係を有する人である。かかる人にとっては法が何を命じているかが明瞭であることが何より必要なのです。しかるに現在たくさんある法律書をあけて自分の心配事を相談してみると、あるいは消極説だとか積極説だとかいうものがあり、さらにまた折衷説なるものがあり、そうしてまた時には「余輩は第四説を採る」などとさらに異説をたてる先生もある。全く異説の展覧会である。ここにおいて誰が一番迷惑するかといえば、それは現に心配事をもった当人で、いろいろ先生の著書を見たり先輩学者の意見を聞くが、いろいろ説があってなんのことだか一向に判然しない。学者はわずかな小知恵をもとにしてひたすら異説をたてることのみを志し、これで結構オリジナリティーを出したような顔をしている。しかしいったい学者の本分ははたしてそんなものでしょうか。否、私はそう思わない。学者の役目は、裁判所や立法府と協力して、一方においては現在の法律はかくかくのものであるということを一般国民に示して、そのよるところを知らしめるにある。であるから、できるならば、いわゆる学説の数を減らすことをひたすら心がけてこそ立派な学者である。そうしてまた他方においては、大きな眼からみて将来法律の進みゆくべき道を示すことに努力してこそ、真に学者の本分が発揮されるわけである。いたずらに小知恵にとらわれて末節にのみ走り、積極説、消極説に次いで折衷説さらに第四説、第五説を生み出すごときに至っては、全く法律家のまさにとるべき態度を踏み違えたものといわなければなりません。

しかしながら、よくよく考えてみると、かくのごときことは、現在の日本においてひとり法律家のみの行うところではない。実際からいえば現在の世の中のすべてが、いわば小知恵の行きづまりである。第一八世紀以来漸次に自然科学が発達をとげると同時に、自然科学の力を借りれば万事がたちどころに説明がつく、したがって万事が経験と理知とで説明されうるというようなことを、世の中一般の人が軽々しく考えるようになり、ついには現在まだわずかしか発達していない自然科学をもってすでになにかよほど完全なもののように考え、これで万事きりもりしてゆけると考えるようになった。ところが実際の宇宙はもっともっと複雑な深遠なもので、とうてい今日の程度の自然科学ではいかんともしがたいのである。ところがこの種の考え方はすべての方面を支配して、かつては文学にも美術にまでも現われたのである。しかし世の中はもっと複雑です。理屈だけではとうてい説明できず、またわれわれが満足しないのです。そこで小さな理屈にのみ拘泥せずに、人生そのものの現実を直視して、真相をとらえなければならぬ。その傾向は文学、美術などの諸方面においてはすでに大きく現われていると思う。しかるに法律学においては今日なお小知恵が専制しています。それで小知恵をふるい万事を理屈どおりやってみたが、さて出来上ったものはなんとなく人間味が欠けている。これが真に生きた世の中を規律しうるとはどうしても思えない。そこで私はいいたいのです。理屈大いに可なり、しかしその理屈が小さな狭いものであれば、すでになんの役にも立たぬ。また世の中には理屈だけではどうしても解けない複雑なことがたくさんある。人間の生活関係のごときはその最もいちじるしいものの一つで、これを規律する法律および法律学にはどうしても理屈を超越した、現実そのものをありのままに観察して得られるところの幾多の非理知的分子を附加して考えなければならないと思います。これがまず今晩のお話の緒言であり、同時に解題となるわけであります。

それでこれから以下、以上の思想をもとにして、現在の法律をしてもっと人間味のある誰にもなるほどと思われるようなものにするにはどうしたらよいのか、それを説明してみたいと思います。

そこで、法律の存在が一般に諸君の眼に触れるところはどこかというと、第一には、裁判所を通しておりおり法律の存在を知らしめられる。第二には、議会が開かれて、法律の出来上るのをみると、誰しもなるほど法律があるということに気がつきます。また第三には、学校へ行って法律を教えられる、なるほど法律があることをたしかに感じます。これがまず普通われわれが法律の存在を意識する最も主な場合です。それでこれからこの三点を順序にとらえて、一々これに人間味を注射する法を考えてみたいと思います。

二　人間味のある裁判はどうしたらできるか

昔の裁判にはなんとなく人間味がありました。例えば大岡越前守の講談などを聞くとつくづくそういうことを感じます。それで私はいつもその理由がどこにあるのかをいろいろと考えているのです。

そこでまず第一に考えたのは、いったい裁判官が裁判をするにあたっては事件を審理した上で結論が先に出るのだろうか、それとも法文と理屈とが先に出てその推理の結果ようやく結論が出るものだろうかという問題です。この問題は日本の裁判官はもちろん外国の裁判官にもしばしばたずねてみました。ところがこれに対する答えはほとんど常に「結論が直感的に先に出る、理屈はあとからつけるものだ」というのでした。しからばその直感的に出てくる裁判の結論なるものはいかなる心の働きから出てくるのか、私は次にこの問題を考えたのです。裁判が理屈から生まれてくるのではないとすれば何から生まれてくるのか。単なる感情とか好悪から生まれてくるのでないことだけは明らかです。それで私の考えでは、それは裁判官の全人格の力で生み出されるのだと思うのです。したがって裁判官として一番大事なものは人格の完成です。これを完成する一要素としてむろん法律の知識は必要です。しかし、それはほんの一部分です。もしも最も理想的にいえば、「なんじ人を議することなかれ」という言葉のとおり、人間には人を裁くだけの力はないのかもしれません。しかしとにかく裁判官になった以上、人を裁かないわけにはいかないから、そのみずから心がけて努むべきことは人格の完成、一分でも一厘でも神に近づかんとする努力、それが裁判官として最も大切なことだと思います。それにはそのわけを知るということもむろん必要であるが、単にそれだけではすまない。人間としてあらゆる修養を積んで本当の人間らしい人間にならなければならぬ。この人間は神さまにかたどって作られたものである。したがって本当に人間らしくなれば神さまに一番近くなったものである。それで初めて人を裁く資格ができてくるのである。かくのごとき立派な人格の持ち主によって与えられる裁判にして初めて真に勇気もありまた人間味もあり、しかも法律にもはずれないものになるのである。

それで、私は、もし大岡裁判に関する巷説のすべてが真実であるとすれば、大岡越前守はおそらくこの理想によほど近づいていた立派な人格者であったのだと思います。

ところが、今日では裁判には結論のほかに理由が必要になってきました。いかに結論がよくても理由がなければ今日の裁判として不完全なものです。それはなぜかというと、フランス革命を境として世界至るところに平等思想が生まれました。その思想は第一九世紀から二〇世紀にかけてますます発達し、初め形式的なものであったのがだんだんと実質的なものになってゆきます。この平等思想が裁判制度の上に現われたのは何かというと、それはいわゆる法治主義です。法治主義はこれを最もひらたくいえば一種の物差しのようなものです。あらかじめ法律という物差しをこしらえておいてこれを裁判官に渡す、裁判官はあたかも呉服屋の番頭さんが物差しで切地をはかるように、与えられた物差しで事件を裁きます。そうすれば最も公平に厳正に事件が裁かれる。これがすなわち法治主義の考えです。その結果、裁判官は万事物差しに拘束されて自由な働きができないことになるのですが、これというのも畢竟裁判官の専断を防ぎ不公平を防がんとする主旨から生まれたもので、それがため今日の裁判官は物差しさえもっておればほかのことは何も知らないでもいいのだなどと誤解してはいけません。呉服屋でさえ物差しだけもっておれば商売ができるというものではありません。ところが世の中には、裁判官に物差しを与えかつこれを扱う技術さえ教えてやればそれで立派な裁判官ができる、それが法治主義の理想のように考えている人も少なくないようですが、それはきわめて間違った考えです。法治主義の理想は、公平にやれ、裁判官がわがままかってな処分をやってはならぬ、というにあるのです。決して人情を無視していいとか、法の技術さえ心得ておれば法の精神や理想については何も知らなくてもよろしい、裁判官は肉挽き器械のように自動的に裁判を絞り出せばそれでよろしい、というようなものではないのです。法治国における裁判官といえども昔の大岡越前守と同じように人間として立派な人でなければいけない。人間として最も完全に近づくように心がけなければいけない。ただその昔の裁判官と違うところは、自分の全人格から自然に流れ出てきた裁判に、現行法を基礎とする理由を附し、裁判を受ける人および世の中一般の人をして自分は決して裁判官の任意な処分で裁判されたのではない、という感じをいだかせなければならないのです。そこが昔と今の違うところで、今日の裁判官のむずかしいところなのです。裁判官には法の理想に関する信念がなければならない。しかも同時に法律に束縛される。この理想の要求と公平の命令とをいかに調和すべきかが、今の裁判官にとって最もむずかしい大事な問題なのです。

それでこの調和問題については私は理想の要求に重きを置くべきであるということをいいたいのですが、このことについて一つのおもしろい話がありますから、それをお話しいたします。

それはイタリアの音楽家の話ですが、その話によると、音楽家が例えばオペラを作る、そうして役者を指導して上演させる。作者はむろん全力を尽くして自分の最もいいと信ずる楽譜を作るわけなのですが、いよいよこれを実際の舞台にかける段になってみると、役者が本式の衣裳をつけて舞台に出る。そうして見物人もいっぱいいる、立派な背景があり、オーケストラもコーラスもまた相手の役者も出て、いよいよ本式に作曲家の作ってくれたものを歌ってみると、なかなか実際上作曲家が自分の全知をふるって考えだした歌が舞台の実際に合わないことが出てくる。役者が実際の場にあたってみると、作曲家の希望や予定とは違った種々のことが出てくる。例えば、このところはこれこれの長さに歌うように、もとの譜はできていても、役者がその場合どうしてもかくかくにしか歌えないということであれば、かくかくに歌うよりほか致し方がない。しからずんば本当に自然な美が出てこないからです。また役者がここは熱情が出るという場合には、その熱情に従って譜を無視して歌ってしまう、それよりほかに仕方がない。ところがイタリアの作曲家はこの最初の上演における役者の実験を是認し、したがって最初の上演において誰々が、こういうふうに歌ったとすれば、それが元来の譜とは違っていても、どんどん歌われてゆく。そこが特にイタリアのオペラがなんともいわれぬ柔らかみをもち、人心の奥底にしみこむような力をもっているゆえんの一つなのだろうという話です。

そこで私はこの話とわれわれの商売たる法律とを思いくらべてみて、その間に大変おもしろい類似点を発見したのです。それはほかでもありません。法律はいわば作曲にあたるもの、それを裁判官が衣裳をつけ舞台に出て実際の上演をやる。そのときの裁判官は真剣です。立法者が空に考えたり、学者が抽象的に考えたりするのとは違って、眼の前には実際の利害関係をもった当事者本人がいるのです。そうしてその人間のいろいろの事情なども知っているのです。その本舞台でいよいよ本式に作曲家から渡された音譜を歌わなければならないのです。どうして譜だけを頼りにしてただそのとおりに歌いさえすればいいというようなことがありましょう。そんなことでは聴者はさらに感心しないのです。ところが今日の日本においては作曲家たる立法者にも役者たる裁判官にもこの考えが十分に呑み込めていないように思われてなりません。しかし今日の裁判官といえどもこの心得がなくてどうしましょう。裁判官は、前にも述べたように、その全人格によって判断を下す。しかし今日は法治国であるから、それになにか法律という物差しをあてなければ世の中の人が承知しない。しかのみならず物差しをあててみなを感心させるには種々な材料を使ってあるいは法律第何百何条にこう書いてあるから、おまえもしかじかこれこれと心得ろといえば聞く者もなるほどそうかと思う。またあるいは法律には明文がない、けれどもこれは多年当裁判所においてかくのごとく判決したるをもっておまえだけが特にかくかくの取扱いを受けるわけにはいかないといって聞かせれば、なるほどそうかと思う。またさらにある場合には、どうも判例もなし法律にもうまいことが書いてない。そのときには裁判所はなんというかというと、これこれの点はかくかくとならなければならないが、これはわが学界、学者の説を聞いてみても「通説おおむねかくのごとし」だから、おまえもそう思え、といって聞かせれば、これを聞く人も感心して、なるほどこんなえらい学者たちがそういっているのならば私もやむをえない、裁判に服します、というようなぐあいで判決が正当な理由あるものとして一般に取り扱われることになるのです。要するに裁判は最初議会の作ってくれた物差しを機械的に動かしただけでできるのではありません。裁判所は一方においてはまずその全人格を基礎として結論を下し、これに種々の物差しをあて、この判決は決して不公平ではない、ということを一般に呑み込ませる。そこが裁判官の役目でかつ最もむずかしいところなのです。

かくして初めて、本当の人間らしい上にも人間らしい結論が出て、ひとり議会が作ってくれた物差しのみでなく、いろいろの物差しが適当に使われて判決が下されるから、結局聴く人も感心するというわけです。

かくのごとくなってゆけば、法律が裁判所によって今少しく人間らしいものとして取り扱われるようになりうると思うのです。

次に裁判が今少しくわれわれの人間としての感じに合うようになるには、どうしたらよいかという同じ題目をも一つ違った方面から話してみたいと思います。諸君も御承知のとおり、ただいま陪審法なるものが枢密院から内閣にもどったり、内閣から枢密院にきたりして、われわれが将来支配を受けようとする法律の案が、秘密のうちに空の上を歩いております。まことに気味の悪いしだいでありますが、あの陪審法に対しては世の中に賛否の声が種々あります。ところが裁判官の大多数はあれに反対である。それは自分の信念にもとづいてなすところの判決が、客観的にみて公平であるか正当であるかは別問題として、少なくとも自分の信念において、正しくいっているものを、素人のなにもわけのわからない者が出てきて、いい加減に有罪、無罪といわれては困る。これが裁判官の反対論で、裁判官としてはまことにもっとも至極な言い分だと思います。しかし裁判官の中で陪審制度に反対する人々の多数はなによりも、もしも陪審制度を採用するときは、理屈のない裁判ができるということを恐れるようですが、そのいわゆる理屈なるものがはたしてどんなものであるかをよく審査してみた上でないと、おいそれとこの説に賛成できないのです。裁判官御自身は正しい理屈だと思っても、世の中の普通の人間が変な理屈だと思って、それを承知しなければ結局裁判としては目的にかなわないのですから、いかなる裁判が最もいい裁判かということは専門の裁判官だけでうまく判断できるものではないのです。専門家からみたら無知かもしれないが、ともかく実社会に立って働いている生地の人間を一二人もつれてきて、理屈はとにかくとして、おまえは素人としてこの事件をどう思うかと問うてみる。すると、よって得られる結果は、あるいは理屈からいうと首肯されえないものでも、人をしてなるほどと思わせるなにものかが自然にこもっている。理屈のみを法律と思っている人は必ず陪審制度に反対するのであるが、しかし陪審制度を設ければ、理知を超越したなんともいえないおもしろみが、必ず裁判の中に出てくると思う。日本の陪審制度反対論者はただときたま出てくる悪いところばかりをとらえて、やれカイヨー夫人が無罪になったのは陪審官を買収したのだとか、アメリカのシカゴにおいては女が男を殺しても死刑にならないとか、いかにも日本人には悪く聞こえるようなところだけを伝えるのです。しかし裁判は理屈だけのものであるか、それとも理知を超越したなにものかが附け加わってできるものであるか、この点をよくよく考えてみると、陪審制度というものもそう一概に排斥すべきものではなくて、私はむしろこれが裁判を人間らしくすることのいとぐちであるように思います〔陪審法は一九二三(大正一二)年に制定されたが、その後陪審審理の実施状況は芳しくなく、一九四三年に施行を停止されたままになっている〕。

三　人間味のある法律はどうしたらできるか

次に、どうしたらもっと人間味のある適切な法律を作ることができるか、という問題を考えてみたいと思います。

現在わが国において法律がいかなる手続で作られるかというと、まず司法省なりその他の役所で案を立てて議会に提出するのが普通の場合ですが、それからあと議会が何をするかというと、これは全く言語道断で、政府の案なれば御用党の力で理が非でも議会を通過します。反対の少数党中にかなり理屈のあることをいう人もあるのですが、多数党はそのいうことをきいてさえくれません。だから議会は法律の通ったりつかえたりする所で、法律を作る所ではない。法律はむしろ司法省なり内務省なり、その他お役所の役人によって作られるのだといっても、たいした間違いとはなりません。そこで、今日、法律の起草をされる方々はどんな方々かというと、それはそろいもそろって知恵者です。そうして吾輩出ずるにあらずんば天下のこと明らかならずとか、余輩出ずれば天下のこと定まるとかいうようなぐあいに、自分のもっている知恵をえらく尊信して万事がこれで解決できるというように考えている方々のように思われます。ところが私から遠慮なく申しますと、その先生がたがみずからたのむところの知恵が、たとえ、その先生がいかにえらい人であるとしても、はたしてそんなに頼りにできるほどたいしたものであるかどうかを、私は大いに疑うのです。どうせ人間一人ですから、その一つの頭の中から幾千万かの人間から成り立つ社会に立派にあてはまるような法律が容易に出てくるわけがないのです。ですから、これらの先生が法律を作られるならば、実際の事情や外国の法制などをできるだけよく調査し、人間の小知恵の足らざるところをできるだけ補ってこれを大智たらしめるだけの努力をせねばならず、またそれをするだけの謙遜な気持ちがなければならないのです。そうして事の許すかぎりは法案をまず公表してひろく江湖の批評を乞うだけの雅量がなければならないのです。ところが、例えば最近の議会に借家法案が提出されたときなども、法は最後まで秘密でわれわれ人民にはみせてくれない。私などもようやく新聞紙の六号活字でわずかにこれを知りえたにすぎませんでした。それでいよいよ議会に出た法案なるものをみたときに私は全く驚きました。遠慮なくいわせていただくと、全く穴だらけだからなのです。いったい、この借家法なるものは、今までのごとくただ個人主義的に考えて作られるべき法律ではない。問題がもっと複雑しているのです。人間はふえる、物は足りない。その調節をいかにしてゆくべきかを考える問題の一場合に相当するのです。ですから、この種の立法をするについては、従来の単純な資本主義や個人主義の頭脳だけを頼りにしたのでは、うまい法律のできるわけがないのです。それで、この同じ問題が、諸外国においても、わが国におけるよりはむしろ大仕掛けに起こり、これに対する立法も実にたくさんあるのですから、この外国の立法例だけでも十分調査し、また進んでは実際わが国における住宅難がどんなものであるか、またこれに関する法律上の争いは実際上どんなものであるかを、十分調査してかからなければならないわけです。ところが司法省のしたところをみていると、外国の法律を参考した形跡が少しもないのみならず、わが国の実情についてもほとんどなんらの調査もないのです。現在、裁判所に提起される借家に関する事件の統計があるかというとない。例えば借家人のほうから起こす訴訟の数はいったいどのくらいあるか、家主の起こす訴訟はどのくらいあるか、あるいは訴訟の金額はどのくらいか、これらの点を東京区裁判所の管轄区域内だけでもよろしいから知りたいと思ったのですが、そういうものは司法省にはないのです。いったい立法例を調査するでもなく、世の中の実情を調査するでもなく、ただ立案者がありあわせの小知恵をふるって書いたのでは、いかに立派な小知恵の持ち主にやらせてもうまくいくわけがない。そうしてその案がやがて同じく知恵一点張りの法制局あたりをまわった上議会を通過する、これではたしていい法律ができるでしょうか。私は大いに危ぶむのです。それでは真に社会の実情に適合した法律のできるわけがないのです。それから次に今の立法者――世の中でいわゆる官僚と称される方々――は非常に世論なるものをばかにしておられます。ですから法案はなるべく秘密にすればするほどいいと考えておられます。なるほど世論は理屈に合わないものです。しかし世の中のことをすべて理屈に合わせようと思えば、しゃくにさわって仕方がなくなる、できない相談だからです。しかしながら、法律は理屈だけで動くものではないと同時に、世論といえども決してばかにすべからざるものである。決して軽視することは許さざるものである。世論は理屈の代表者ではない。しかし世論にはなんともいわれない大きな価値がある。そこに人情の機微に触れた微妙な力強いところがあるのです。それを基礎にして法律を作らないで、どこに人間の気持ちに合う、本当の法律を作りうるか。法案を立てる人が、我輩はかく書いた、これより以上によいものはない、世論など衆愚のいうことがなににになるか、というような調子で、学者のこれに対する公平な批評すらきらうというに至っては、いったい国家民衆のために法律を作るのか、自己のヴァニティーのためにむりに我を押し通すのかわからなくなります。かかる結構な法律のもとで租税を納めるわれわれこそ実に迷惑千万な話であります。

私はこの点が一日も速やかに改良されて、もっと念入りに小智をたのまずに、真に人間味のある法律が作られるようになることを希望してやまないのです。

四　もっと人間味のある法律の教え方はないものか

終りに、もっと人間味のある法律の教え方はないものか、それを簡単に考えてみます。このことは今日のお話の初めにも詳しく申しましたが、今日わが国で学者の学生に教えるところはただ抽象的な理屈だけである。ところが法律は理屈だけでできているのではないから、学生に本当の法律を教えるには、理屈を超越した、言葉では言い表わせない、味をも教えなければならないのです。それには現在アメリカでやっているように、判例を材料にしてこれを批判させてみるのが、一番適当な方法のように思われるのです。

今、一つ日本の大審院判決を例にひいてお話をしますと、ある時ある所に一人の男がありました。ところが父の言葉にそむいてどこかのある女とよろしくきめこんで互いに一家をもった。父がいくら帰ってこいといっても帰ってこないから、仕方なく、父もそのまま放任しておいた。爾来数年を経たが帰ってこない。そこで父親は民法にいわゆる戸主の居所指定権なるものを行使した。ところがその男は頑として応じないので父親は憤慨して、一週間内に立ちもどるべし、しからざれば家から離籍してしまうぞ、という最後通牒を発した。それにもかかわらず、その男が期間内に帰らないのでとうとう離籍されてしまった。そこで今度は子供のほうからおやじを訴えて離籍の取消を請求した。その理由にいわく、一週間で帰ってこいというのはあまりにひどい、法律をみると「戸主は相当の期間を定め其指定したる場所に居所を転ずべき旨を催告することを得若し家族が其催告に応ぜざるときは戸主之を離籍することを得」とあって、わずか七日という期間はこれを相当と認めがたいと、こう息子のほうではいうのです。それを私たちが机の上で教えるときには、はたしてこの七日の期間が相当なりや否や、を適当に教えることは実際上不可能です。いうまでもなく、これは学者の領分外です。裁判所の領分に属すべきものです。ところで日本の大審院はこれをどう判決したかというと、七日の期間が相当なりや否やは一概には決められない。この息子がその婦人と数年このかた同居している。この同居している事実を父親は是認しているのか。それとも父親は今日といえども従来どおり、ひきつづいて反対しているのか。そのいずれかで結論が違う。親がもともと認めて同居していたのだとすれば、わずか一週間で帰れというのはむりである。これに反して、親が早く帰ってこいこいと始終いいつづけて反対していたのならば、一週間といえども決して短くないと、こう判決を下しております。私はこれをもってまことに人情にかなった結構な判決だと思いますが、かくのごとき解決は学者が机の上で考えてはとうてい出てきません。やはり裁判官が本舞台に出て実際の事実をみて初めて考えつく考えです。

判決というものが、すべてこんなものだとは限らないのですが、とにかく実際の事実と離れない、いうにいわれぬ趣きのあるものです。ですから私はかようの判決をたくさん集めたものをもとにして、法律を教えるがいい、そうすればひとり学生みずからをして自発的に法律を発見し学ばしめることをうるのみならず、理屈ではとうてい説明のつかない法律の機微を学生に教えこむことができて、いわば一挙両得になります。ですからこれからの法学教育はこういう方向に向かってしかるべきだと私はかたく信じます。

五　結　論

これでだいたい私のお話は終ったのですが、体裁のために簡単に結論をつけておきたいと思います。

今まで申しましたところを要約すると、こういうことになります。理知はよろしい、理屈も知恵もよろしかろう。しかしながら小知恵ではだめだ。理知も徹底したのでなければだめだ。これに反して徹底した理知ならば必ず人間らしいものになる。いったい世の中のことは、理知で解きうる範囲は実にきわめて狭いので、少し行けばすぐ突き当るのである。しかし少なくともその理知だけでも徹底するように努力せねばならぬ。それが今の法律学者に対する私の要求の一つである。その次は理知はみずからその身のほどを知れ、理知によって進みうるところは広くはない、人間というものは理知だけで動いているものではない、あるいは信仰であるとか、あるいは悲しみであるとか、あるいは喜びであるとか、あるいは恋愛とか、あらゆる心理作用をもって、朝から晩まで動いているものであるから、それらの複雑な作用をも加えて万事を考えなければならぬ。理知のみを引き離して、それだけで法律現象を説明し規律しようなどとは全くだいそれた話である。むろん理知は一八世紀このかた自然科学の発達によって得たところのわれわれの既得権である。私はこれをすてよというのではない。かえってさらにいっそう徹底して大きな理知たらしめるように努力せよというのである。ただそれと同時に理知をもってなしうることの範囲はきわめて狭いのだということを、一般に悟ってもらいたいと私は思います。要するに理知を徹底してついには理知によって理知の上にまで出る。そうしてそこに本当に人間らしいなにものかを認めうるのである。今後は法律のできる人間も、できない人間も、また現在、学べる人間も、あるいは今後大いに学ばんとする人間も、このことをよく心がけてほしいと私は思います。そうすれば必ず法律の社会化というごときことも、この中央法律新報社の努力とあいまって、漸次に実現されるであろうとみずから信じているしだいであります。そうしてこのことはひとり法律家の腕のみをもってできることではない。国民がみな一様にその考えでなければ不可能である。法律は一部の限られた人間のものでもなければ、権力階級のものでもない、われわれのものである。だからこの法律が真にわれわれの法律であるということが本当に実現される時代が一日も早く到来するようにわれわれは一致協力しなければならぬ。いささかこの意味において愚見を述べたしだいであります。

III

新たに法学部に入学された諸君へ

一

私はかつて『法学入門』と題する本のなかで、法学入門者に対する法学研究上の注意について多少のことを書いた。同書は元来、「現代法学全集」の読者を相手として書かれたもので、いわば法学研究者一般、殊に独学者を仮想の相手として書かれたものである。ここではこれと違って、この四月新たに諸大学の法学部に入学された諸君を特に相手として、勉学上注意されたらいいと思うことを一、二述べてみたいと思う。その種の注意は、諸大学の教授諸氏によってそれぞれ適当に与えらるべきものなること、もとより言うを俟《ま》たないし、また実際にもいろいろ好い注意が与えられていることと想像するが、私が今まで多数の法学生ないし法学士と会談した経験から推すと、案外その種の注意が学生には徹底していないのではないか、学生の多数は彼らの研究する学問の特質を知らず、従ってまた、いかなる態度方法で聴講し、また研究すればいいのかというようなことについて適切な指導を与えられていないのではないか、という疑いを抱かざるを得ないのを甚だ遺憾とするのである。

元来法学については——他の諸学部と違って——中学や高等学校で予備知識を与えられる機会が少ない。なるほど法制経済とか、公民科とか、法学通論〔「法制経済」「公民科」は戦前の中等学校の教育科目。「法学通論」は旧制高等学校の科目〕とか、多少法律知識を与えることを目的とする講義が行われてはいるけれども、これらの講義はすべて一般的教養としての法律常識を与えることを目的とするものであって、学問としての法学の何たるかを教えることを目的とするものではない。高等学校の法学通論においては、教授それぞれの考えで、法律常識を与えんとするよりは、むしろ法学的基礎知識を与えることを主眼としていると思われる講義も行われているやに聞いているが、なにぶんにも講義時間が少ないのと教授に専門的法学者を求めることの困難のために、この種の講義を通して、大学の法学教育ではどういうことが教えられているのかを十分学生に呑み込ませることは、できていないように思われる。例えば理学部に入学して物理学を研究しようと志す学生が、物理学とは一体どういう学問であるかを知っている程度に、法学の何たるかを知って法学部に入学してくる学生は、ほとんどないのではあるまいか。さればこそ、法学部が入学試験を行うに当っても、一般に法学的学科を試験科目に加え得ないのであって、このことを考えただけでも、法学部の新入学生に対しては、研究上その入口において、先ず法学の何たるかを十分に教える必要のあることがわかると思う。

二

私は今ここに、法学が全体としていかなる学問であり、もしくはあるべきかを説こうとするのではない。また、法学教育上法学のいかなる方面に重きを置くべきであるかを論じようとするのでもない。これらの点については人々によっていろいろ考えがあり、私としてもまた多少の考えを持っているが、ここではその問題に論及せんとするのではない。現在全国の官私立大学において法学教育の名において教えられているものをそのまま与えられた事実として認めつつ、それを基礎として、法学生は一般にいかなる考え、いかなる態度で講義を聴き、また研究すればいいのか、そのことについて私の考えていることの一斑《ぱん》を、新入学生諸君の参考のために述べてみたいのである。

現在全国官私立の諸大学で与えられている法学教育の内容は、主として法律諸部門に関する所謂解釈法律学的の教育である。無論、法理学のように法律に関する哲学的考察を目的とする講義も行われているし、また法制史のように法律事実学の部門に属するものと考えられる講義も行われている。その他各教授の考え次第によって、解釈法律学的の講義のなかに織りまぜて法律事実学的、もしくは法律社会学的のことを比較的多く教えようとする講義も行われているようであるが、現在実際に与えられている法学教育の大部分は解釈法律学である。個々の教授の意識的に意図するところの如何にかかわらず、また教授方法の如何にかかわらず、実際行われているものは、主として解釈法律学的法学教育である。

このゆえに、新たに法学部に入学して法学教育を受けようとする新入学生としては、その所謂解釈法律学がいかなる学問であり、これに関する講義が何を目的として行われているかを知ることが何よりも大切であって、私は、この点に関する無智もしくは誤解が、適正なる学習の妨げになっていることを多数の事例について発見するのである。

現在我が国の諸大学で行われている解釈法律学の講義は、大体法典法条の理論的解説を与えるのを主たる内容としているから、これを聴く学生が、法学というものは法典の意味を説明するものだというふうに軽く考えやすいのは極めて自然であるが、その結果学生の多数は、中学以来彼らの称して暗記物と言っている学科を学ぶのと同じような気持で聴講その他、学習を行うようになるのである。無論、解釈法律学の一方面は法典法条の理論的解説にあるから、学生としても、法典法条の意味を正しく理解し、かつこれを記憶することは必要である。しかし、それだけが法学学習の全部であると考えるのは非常な誤りである。言うまでもなく、法学教育の目的は広い意味における法律家の養成にある。必ずしも裁判官や弁護士のような専門的法律家のみの養成を目的としてはいないが、広義の法律家、即ち「法律的に物事を考える力」のある人間を作ることを目的としているのである。ただ講義を聴いていると、いかにもただ法典の説明をしているように思われる、そうして先生は、ただ法典の意味をよく理解し、かつこれを記憶している人のように思われる。ところが、実際講義を通して学生の得るものは、法典の意味に関する知識の蓄積のみではなくして、法律的に物事を考える力の発達であって、一見専ら法典の解説のみで終始しているように思われる講義でさえも、この考える力を養うことに役立っているのである。だから学生としては、常にそのことを念頭に置くことが必要であって、さもないと、法律の物識りになることはできても、法律家になることはできない。

しからば「法律的に物事を考える」とは、一体どういうことであるか。これを精確に初学者に説明するのは難しいが、要するに、物事を処理するに当って、外観上の複雑な差別相に眩惑されることなしに、一定の規準を立てて規則的に事を考えることである。法学的素養のない人は、とかく情実にとらわれて、その場その場を丸く納めてゆきさえすればいいというような態度に陥りやすい。ところが、長期間にわたって多数の人を相手にして事を行ってゆくためには、到底そういうことではうまくゆかない。どうしても一定の規準を立てて、大体同じような事には同じような取扱いを与えて、諸事を公平に、規則的に処理しなければならない。たまたま問題になっている事柄を処理するための規準となるべき規則があれば、それに従って解決してゆく。特に規則がなければ、先例を調べる。そうして前後矛盾のないような解決を与えねばならない。また、もし規則にも該当せず、適当な先例も見当らないような場合には、将来再びこれと同じような事柄が出てきたならばどうするかを考え、その場合の処理にも困らないような規準を心の中に考えて現在の事柄を処理してゆく。かくすることによって初めて、多数の事柄が矛盾なく規則的に処理され、関係多数の人々にも公平に取り扱われたという安心を与えることができるのであって、法学的素養の価値は、要するにこうした物事の取扱い方ができることにある。

法学教育を受けた人間が、ひとり裁判官、弁護士のような専門法律家としてのみならず、一般の事務を取り扱う事務官や会社員等としても役立つのは、彼らが右に述べたような法学的素養を持つからである。世の中にはよく、「大学で法律を習ったけれども今では皆忘れてしまった、法律など覚えているうちは本当の仕事はできない」など言って得意になっている人――例えば中年の実業家など――がいるけれども、彼らが忘れたと言っているのは法典法条に関する知識のことであって、彼らが法学教育によって知らず識らずの間に得た法律的に物事を考える力は、少しも失われているものではない、否、むしろ実務取扱い上の経験によって発達しているのである。のみならず、その力が全く身についてしまったため、自分では特にそれを持っていると意識しないほどになっているのである。

これを要するに、法学教育は一面において、法典、先例、判決例等すべて法律的に物事を処置する規準となるべきものの知識を与えると同時に、他面、上述のごとき「法律的に物事を考える力」の養成を目的とするものであるにもかかわらず、とかく一般人にはこの後の目的が眼につかないのである。先日三上〔参次〕文学博士が貴族院でされた演説のなかで、法科万能を攻撃し、法学的素養の価値を蔑視するような議論をしているのも、畢竟この種の認識不足に基づくのである。法学教育を受けた人々が、実際上「法律技師」としてよりはむしろ、局課の長として用いられてゆく傾向があるのは、要するに、これらの人々が法学的素養を持っているために、多数の人を相手にして多数の事柄を公平に秩序正しく処理せねばならない局課長のような地位に向いているからである。法学教育は特にそういう力の養成を目的としているのであるから、その教育を受けた人間がそういう力を必要とする地位に就くのは当然であって、何の不思議もない。しかるに、ひとり三上博士に限らず、法学教育の真面目に通暁しない人々のあいだには、とかくこの明々白々たる事理が十分理解されていないのである。

三

法学教育の目的は以上のような点にあるのであるから、新たに大学に入学して法学研究に志す諸君は、よくそのことを念頭に入れて学習態度を決める必要がある。さもないと、折角の勉強も十分の成果を収め得ないことになりやすい。

学生として先ず第一に必要なのは、教授が講義を通して示してくれる法律的の考え方を理解して、これを自分のものにするよう力めることである。現在我が国の大学では、主として講義の形式で教育が行われており、演習や米国風のケース・メソッドのように、直接法律的考え方の鍛錬を目的とする教育方法はあまり行われていないけれども、講義のなかで教授自らが――意識的もしくは無意識的に――その考え方をやってみせているのであるから、学生としては法典法条の解説等によって与えられる知識を蓄積することのみを考えずに、常々教授のやってみせる考え方を習得して、これを自分のものにするよう努力しなければならない。

従って第二に、折角大学に入った以上、極力講義に出席して、毎日毎日の努力で法律的考え方の体得を計らなければならない。無論、読書によってこの考え方を習練することも決して不可能ではないけれども、聴講によるのに比べると非常に困難である。平素はあまり講義に出席せずにプリントや教授の著書で試験勉強をしても、考え方の力がつかないから駄目である。力というものは、毎日毎日の努力鍛錬によって段々に発達するものである。だから、教授のなかでも特に教育方法に注意している人々は、学生に段々と力をつけてゆくことを力める。初めは比較的容易な考え方を習得せしめ、これによって段々力がついてゆくのに連れて、複雑な考え方を習得せしめるようにしてゆく。だから入学の当初、「まだ一学期だからいい」などと呑気に構えていると、そのうちには教授の教えることの意味を理解することさえできないようになりがちなものである。学生として一番おそれなければならないのは、自分ではわかったつもりでいて、実は講義の真意を理解していないようになることであって、入学の当初になまけると、とかくこういうことになりやすい。人間というものは、他人の言うことを聞いても、本を読んでも、自分の力相応にしか理解し得ないものである。しかも自分の力の不足には気づかずして、各人それぞれ自分だけはわかったように思うものである。

「勉強もするし、また自分では十分わかっていると思うのに、どうも成績が上がりません」など言っている学生のなかには、初めにボンヤリしていて力が後れてしまった者が多いのであって、新たに入学された諸君は、特にこのことに注意する必要がある。

なお、我々は新入学生から、「講義を聴いていさえすればいいか、それとも参考書を読む必要があるか」というような質問を受けることがしばしばあるが、もしも余裕があれば、参考書を読めば読むほどよろしいに決っている。しかし参考書を利用し得るためには、先ず講義を理解し、そのうえ講義に疑いを挟むだけの力ができなければならない。いたずらに多数の本を読んで学者所説の異同を知っただけでは、何の役にも立たない。各学者の所説のあいだにいろいろ相違があるのは、その相違を生ずべきそれ相応の理由があるのだから、その理由にまで遡《さかのぼ》って各学者の考え方を討究しなければならない。さもないといたずらに物識りになるだけで、法律的に物事を考える力が少しも養われない。これに反して、各学者所説の根柢にまで遡って各学者の考え方を研究するようにすれば、自ずから得るところが非常に多い。参考書を読むことの要否よりも、むしろ読むについての態度を考えることが必要である。

四

終りに、も一つ、法学生一般に対する注意として、およそ法学を学ばんとする者は、社会・経済・政治その他人事万端に関する健全な常識を持つよう、一般的教養を豊かにすることを力めねばならないことを言っておきたい。法律の規律対象は人間である。「法律的に物事を考える」についてのその「物事」は、すべて人間に関する事柄であり、またその「考える」諸君自らもまた人間である。人事万端に関する健全な常識を持つ者でなければ、到底適正に、法律的に物事を考え、物事を処理し得る筈がない。しかるに法学生のなかには、ややともすると、狭い法律の技術的世界の内にのみ跼《きょく》蹐《せき》して、一般的教養を怠るがごとき傾向が認められるのは甚だ遺憾であって、これは、教育の局に当る者としても、また学生としても、大いに注意せねばならない主要事である。一般的教養の重要なるはすべての学生について言わるべきものなること勿論であるが、以上に述べたような意味から、法学生について特にその重要なる所以を力説して、一般の注意を促したい。

（『法律時報』九巻四号、昭和十二年四月）

法学とは何か——特に入門者のために

一　はしがき

一　四月は、毎年多数の青年が新たに法学に志してその門に入ってくる月である。これらの青年に、法学が学問として一体どういう性質を持つものであるかについて多少の予備知識を与えるのが、この文章の目的である。

無論、本当のことは、入門後自らこの学問と取り組んで相当苦労した上でなければわからない。やかましく言うと、法学の科学的本質如何というような根本的の問題は、勉強してみればみるほどかえってわからなくなると思われるほどむずかしい問題で、現に法学の第一線に立っている学者に聴いてみても、恐らくその答はかなりまちまちであろうと考えられるほどの難問である。だから、こうしたむずかしい理論を頭から入門者に説こうとする意思は少しもない。しかし、それにもかかわらず、敢えてここにこの文章を書こうとするのは、次のような理由によるのである。

二

およそ学問に入る入口で、今これから学ぼうとする学問が大体どういう学問であるかについて一応の知識を持っていることが、学習の能率を上げるのに役立つことは、我々が子供の時からの経験でよく知っている。そうした知識を持たないために無用な苦労をした経験を持つ人は、非常に多いのではなかろうか。例えば、私自らが中学四年の時に初めて三角術〔「三角法」の旧称〕を教えられた時のことを思い出してみると、これが算術はもとより幾何学に比べても非常にむずかしいように思われたのであるが、後から考えてみると、そのむずかしかった主な原因は、先生が、講義の入口でこの学問が一体どういう目的を持つものであるかを全く教えずに、頭から教科書に書いてあることを教え込もうとしたことにあったのである。その後中学の数学教育も非常に改善されて、今ではこうした弊害は大体取り除かれたように聞いているから、今の青年諸君にこうした経験を語っても、あるいは十分にわかってもらえないのかも知れないが、類似の経験は多少ともすべての人が持っていると思う。ともかく、今自らが学びつつある学問が一体何を目的としているのか全くわからなければ、結局教えられることを暗記するよりほかに学習の方法はないのだから、いつまでたってもなかなか学問そのものを理解できるようにならないのは当然である。

ところで、大学の教育はどうであるかというと、理科や医科のような自然科学系統の学部はもとより文学部のようなところでは、大体そこに入学してくる学生は、初めからその学ぼうとする学問について少なくとも常識程度の知識を持っているのが普通であるように思われるのであるが、法学に志して法学部に入ってくる学生の場合は、一般に事情が著しく違うように思う。私などは、父が長年司法官をしていた関係上、普通一般の学生に比べればかなり法学についての予備知識を持っていた筈であるが、それでさえ、いよいよ入学してみると甚だ腑に落ちないものがあった。どうも自分が予期したものとは大分違った学問を教えられているような気がして、甚だ取っ付きが悪い。仕方がないから先生の講義することをそのままノートすることはしたものの、当分の間は五里霧中で、何のために講義を聴くのだか、全く見当がつかないようなありさまであった。

こういう次第だから、私ほども予備知識を持たない普通一般の学生の迷惑は、恐らく非常なものであったろうと思う。それでも、ともかく大学を出さえすれば官吏にもなれる、一流会社にも採ってもらえることだけは確かであったから、わかろうがわかるまいが一生懸命にノートをとって受験の材料をこしらえるのであるが、こんなことをしているうちに少し心掛けよく本式に勉強した者は、いつとはなしに段々と法学が何であるかを理解して、自然学習に興味を持ってくるようにもなる。しかし私の知っている限り、かなり多数の学生は、卒業するまで何のために法学を学んでいるかを呑み込むことができず、そのため平素はノートを作ることにのみ苦労し、試験期になればそれを丸暗記することに苦労したのが、その頃の実情であった。

もっとも、法学部に入ってくる学生のことだから、彼らのすべてが初めから法学に多少とも興味を持っているに違いないと思うのがそもそもの間違いで、学生の多数は、法学に志しているのではなくして、単に法学部を卒業すること、そしてできればなるべく良い成績で卒業することを志しているにすぎないから、彼らにとっては、学問そのものはどうでもよいのである。だから、卒業後司法官や弁護士のような法律関係の職業に向おうとする少数の学生以外の者にとっては、学問は要するに受験の具にすぎなかったので、私がその後大学に在職している間に高文試験制度〔高等文官試験〕が変って法律関係の試験科目が減ると、それを機会に法律学科の学生が急に減って——法学科目の少ない——政治学科の学生が激増したるがごときは、まさにこの傾向を如実に反映したものと言うことができる。

だから、当時我々は、ドイツの或る学者が法学は要するに「パンの学問」Brotwissenschaft にすぎないと言ったという説を聞いても、深くその意味を考えてみようともしなかった。また、卒業後官庁や会社に入って相当出世した先輩たちの、「大学で習ったことそれ自身は何の役にも立たない、習ったことをすっかり忘れてしまった頃になって初めて一人前の役人なり会社員になれるのだ」というような話を聞いても、なるほどそういうものかなと感心するぐらいのことで、深くその訳を考えてみる気さえ起さなかったような次第であった。今から考えれば——後に記すように——、この先輩の話にも、「パンの学問」にも、なかなか面白い意味があるのだが、当時としては全くそうしたことに気づかないのが実情であった。

そういう事情であったから、法学部の講義の中心をなしていた憲法とか民法とかいうようなものは、要するに、現行法制を説明してその知識を与えるのが目的であると学生一般は考えていた。これらの講義を通して法学的なものの考え方を教えるのだということを、意識的に気づくようにはほとんどならなかったのは勿論、現行法の講義と同時にローマ法、法制史、法理学、外国法等の講義を与えられても、それと現行法の講義との間にどういう関係があるのかというようなことは全くわからず、また十分教えられもしなかった。殊に外国法のごときは、外国人が先生であった関係もあって、一般の学生にとっては甚だ苦手な科目で、学校では特に外国法奨励のために成績の良い者には賞金をくれたりしていたにもかかわらず、結局この科目も、暗記の対象である以上にはほとんど何らの教育価値もなかったように思う。

私は終戦後大学教育を離れてから既に五年以上を経ているので、今の法学部で一般にどういう教育が行われているかについて、ほとんど何らの具体的知識も持っていない。また、このごろの学生の素養や学習態度等についても、全く無知識である。しかし、およそ法学が学問としてどういう性質を持つものであるかを今でも多くの学生は知っておらず、何とはなしに法学部に入学して、ただ卒業することだけを考えている人が、非常に多いのではないかと私は想像している。そういう学生に、多少法学と法学教育の真の目的がどこにあるかを教えようというのが、この文章を書く目的である。

二　近代社会が法学的訓練を受けた人間を必要とする理由

三　大学に入学してくる青年は、すべて結局は職を求めているのだと言っても言い過ぎではないと思う。しからば、職を求めるために大学教育がなぜ必要なのか、また、少なくともなぜ役に立つのか、その問題を考えることが、大学における教育もしくは学習の目的を理解するために是非とも必要である。殊に法学部の場合には、その必要が最も大きいのであって、ここでは従来この真の理解が十分でないために、教育もしくは学習そのものが著しく能率を害されているように私は考えている。

裁判官や弁護士のような法律的職業に志す者が法学部に入学する目的は大体わかるが、現在法学部に入ってくる学生のすべてが、必ずしも裁判官や弁護士になりたがっている訳ではなく、むしろその大部分は別な職業に向うことを目的としている。それでは彼らは、果して何のために法学部に入ってくるのか。彼らが法学部に学び法学部を卒業することが、なぜ職業を得ることに役に立つのか。もしも法学部の教育が、単に法律的職業を得るのに役立つにすぎないとすれば、今のように数多くの青年が法学部に入りたがる訳はない。また、今のように多数の学生を収容する官公私立の法学部が沢山必要な訳もわからない。どうしても、今の世の中それ自身が全体として法学教育を受けた人間を沢山必要とするようにできているのだと考えなければ、この訳はわからないのである。

そこで我々はこの見地から、現在の世の中の特色、国家社会の特質を考えてみる必要がある。今の国家社会が全体として法学的素養を持つ人間を沢山必要とするようにできているのだと考えなければ、どうしてもこの理由を理解することができないからである。

四 この点で先ず第一に気づくことは、現代の国家が法治主義的にできており、裁判はもとより行政一般が法治主義的に行われていることである。裁判、行政等の国家機能がすべて法治の原理に従って行われている以上、その運用に当る役人に法学的素養が必要なことは言うまでもないし、役所を相手に仕事をする一般国民が、自然、法学的素養を必要とすることになるのも当然だと言わなければならないからである。

ところが、社会学的に今の世の中全体を考察してみると、法治的機構は必ずしも国家にのみ限られていない。会社その他民間の私企業も、その規模が大きくなるにつれて、すべて法治的機構によらなければ秩序正しい能率的の運営を期することができない。否、更に進んで考えれば、資本主義的経営そのものが初めから機械のように信頼し得る法律の存在を条件としてのみ可能なのであって、裁判や行政のような国家機能が法治的でなければならない主な理由もここにあると考えることができる。

この理は従来既に多くの学者によって説かれているところであるが、最近京都大学の青山秀夫教授が著された『マックス・ウェーバー』のなかに、この点が比較的手際よく簡単に説明されているから、便宜上以下にその一斑を説明紹介しながら、更に多少の補足を付け加えてみたいと思う（同書中特に「第四章近代社会の特徴」）。

それによると、先ず第一に、現代社会の特徴としてそこには軍隊・官庁・企業・工場等の「大量成員団体」が多数存在して、そのいずれもが「組織の力」によって、「機械のように」秩序正しく「合理的運営」を行っていることである。そしてそのために、一方では学校という特殊な教育機関に「大量の人間が身分・出生を問うことなく収容され、一定年限の間、専門的知識と規律に対する服従能力とを集団的に教育・陶治され、やがて一定類型の専門的勤務能力をもつものとして大量的におくり出される」。同時にまた、かかる「専門的勤務能力」は、「しばしば、大衆が理解・習得でき、しかも内部に喰い違いのない無矛盾・斉合的な体系(例えば『教科書』『法典』『操典』など)に編集され、教育はこれにもとづいておこなわれる。実際の勤務にあたって勤務者がこういう無矛盾・斉合的な行為規範にしたがうことが、集団全体のあの「一糸みだれぬ」運営の基礎となるわけである」。このように集団的訓練を身に着けた専門的勤務者によって「事務的に」businesslike 万事が秩序正しく合理的に運営される機構組織を、マックス・ウェーバーは「官僚制」と名づけている。

次に、近代社会の特徴である資本主義の合理的経営は、一面合理的資本計算を基礎としてのみ可能であるように、同時に近代国家の行政・司法における「官僚制」もまた、その必須の前提条件をなしている。「近代国家がその「官僚制」的中央集権によって広い地域にわたって持続的に治安を確立し、大規模生産に不可欠な市場を形成すること、近代国家が種々の経済秩序(例えば商法・統一的貨幣制度など)を創設・保証・維持すること、さらにまた、専門家としての近代的『官僚』が国家の計画的・合理的な経済政策(たとえば財政・金融政策など)を可能ならしめること、などその顕著な場合である」。そして「近代国家の国家活動は、あらかじめ国民に公示された成文法秩序のもとに、専門的かつ無私的な官僚によって、計画性と安定性とをもって執行される」。かくして国家活動が「偶然性・恣意性を脱し、あらかじめ計算しうる(予見しうるberechenbar)ものとなる」によって、「企業は安心して国家活動をその企業活動に織りこむことができ」、「近代的工場経営に特徴的な固定投資はこれによってはじめて可能となるのである」。

以上の趣旨を、法学的の立場から更に必要と思われることを補足しながら、綜合して要約すると、次の通りになる。

(1)　近代社会のあらゆる事柄は、主として官庁・企業等の「大量成員団体」により「組織の力」によって運営されているが、かかる大規模経営の秩序正しい機械のように正確な運営を可能ならしめるためには、一方において経営内部の規律を確保するための行為規範体系を必要とすると同時に、他方ではかかる規律に堪え得るように訓練された官僚的の勤務者群を必要とする。即ち、経営の内部秩序それ自身が極めて法律的であって、すべてがあらかじめ定められた行為規範によって秩序正しく行動することが要求される。

(2) 資本主義的経営が合理的資本計算によってのみ可能であるように、司法・行政等の国家機能も、あらかじめ定められた法規範に従ってすべて結果を予見し得るように正確に運営されることが必要で、それには、その運営に当る官僚群が、かかる目的に従って規律正しい活動をなし得るように特別に訓練されることが必要である。即ち、法治主義的の司法や行政に信頼してのみ近代資本主義的の経営は可能である。

(3) 従って、団体と団体との関係、人と人との関係も、すべてあらかじめ定められた法規範によって「結果を予見し得るように」規律されていることが必要で、これあるによってのみ、近代社会の基礎である自由主義的秩序が可能であり、かかる法的保障あるによってのみ、個人の行動の自由とそれを基礎とした民主的社会秩序とが成り立ち得る。

(4)　しかし、同時に注意すべきことは、以上のような法的秩序はあらかじめ不動的に定立された法規範の自動的作用によってのみ成り立つのではなくして、特に法学的の訓練を受けた専門家がその運用に当ることが必要なことである。いかに精密な法規範体系を用意しても、それの自動的作用のみでは法秩序の円滑な運用を期することはできない。法には一面、機械のように正確な規整作用を行う非情的な面があり、それこそまさに法の特徴であるけれども、同時に個々の場合の具体的事情に応じて具体的に妥当な処理が行われなければ、全体として円滑に動かない面を持っている。だから、裁判所はもとよりその他の官庁や企業団体等にも、必ずかかる具体的処理を担当する専門家が必要であって、これあるによってのみ法の機械は円滑に動くのである。彼らは既定の法規範体系の単なる法字引でもなければ、見張人でもない。法学的訓練によって特に習得した法学的のものの考え方を活用して法秩序の円滑な動きを保障すると同時に、ひいては、社会の進展変化に応じて法秩序を成長せしめてゆく働きをするのである。

五　近代社会が特に法学的の訓練を受けた人間を大量的に必要とするのは、近代社会のかくのごとき特徴によるのである。しからば、その所謂法学的訓練とは何か。その意味が一般に十分理解されていないから、法学教育の目的もハッキリせず、法学部卒業生のいかなる能力が——例えば会社などでも——特に役に立つのかが、一般に正しく理解されないのである。

単に学問が職業を得る手段として役立つというだけの意味であれば、すべての学問が「パンの学問」であって、法学だけが特に「パンの学問」だと言われる訳はない。現代の世の中そのものが法学的の素養がある者を沢山必要とするようにできていればこそ、法学を学ぶによって職業を得ることができるのである。従って法学教育それ自身も、結局そういう目的に役立つのだという意識の下に行われなければならず、新たに法学に志す人々も、初めからその理を心得ている必要があるのである。

大学で習ったことそれ自身がそのまま役に立つのではなくして、むしろそれを忘れてしまった頃に初めて一人前の役人や会社員になれるという言葉も、法学教育の真の目的を理解してみれば非常に味わうべき言葉で、学生はもとより、現に法学教育に従事している人々にとっても深い教訓的意味を持っている。大学で教えられた知識がそのまま実際の役に立たないことは、ひとり法学教育に限ったことではない。しかるに、法学の場合に限って右の言葉が特に意味を持つように考えられるのは、従来の法学教育それ自身に欠陥があるからであり、しかも学生が一般にそれに気づいていないからである。現在の法学教育は一般に、主として現行法の知識を与えるという形で行われている。そして学生は一般に、かくして与えられた知識を消化することに全力を挙げているから、法学の教育もしくは学習は、結局現行法を理解し、記憶することを目的とするように考えられるけれども、実を言うと、かくのごとき教育もしくは学習を通して、学生は法学的のものの考え方を教え込まれるのである。そして学生が卒業後職についてから実際上役に立つのは、そのものの考え方にほかならないのである。無論、現行法を知らずに、考え方だけを抽象的に習得する訳にはゆかない。しかし、現行法の教育も、究極においては現行法そのものを教えることを目的とするのではなくして、現行法の理解を手づるとして法学的のものの考え方を会得せしめようというのがその目的である。そしてかくのごとくに考えればこそ、大学の法学教育で現行法のほかに法制史や外国法を教える意味もわかるのであり、現行法の教育としても、もっと目的に適った教え方があるのではないかというようなことも、考え得るに至るのである。

大学で教えられたことを忘れた頃に初めて一人前の役人や会社員になれるというのも、実を言うと、大学で授けられた知識を手づるとして卒業後実務上の修練を重ねた結果、大学では無意識的にしか習得しなかった法学的の考え方が成熟したことを意味するのであって、大学教育が初めから全く無価値であったという意味ではない。しかし従来大学の法学教育には、一般にこの理合が十分に意識されていない。少なくとも、学生にそういう理解を与える努力が意識的に行われていない。そのため教育と学習の能率が著しく阻害されているように、私は考えるのである。

三　現在の法学と法学教育

六　以上で私は、法学教育の主な目的は、法学的な物事の考え方、もしくは法学的に物事を処理する能力を習得せしめるにあると言った。法学教育を受けて裁判官や弁護士のような職業的法律家になった人々はもとより、普通の役人や会社員などになった人々にとっても、かかる特殊の能力を持っていることが、彼らの職業人としての特色をなしているのだと私は考えている。

それでは、現在我が国の法学教育は、その目的のために何をなしつつあるか、また現在法学は、いかにしてその目的に役立っているであろうか。

この問に答えるために、現在大学で行っている法学教育と法学者によって書かれた著書論文を概観してみると、第一に、内容的に言うと、それは大体、(1)現行法令を解説したもの、(2)法制史、ローマ法というような法制の歴史に関するもの、(3)外国法もしくは比較法学的のもの、(4)法哲学、法社会学等の名で法に関する一般理論を説いているもの、の四種類に分れている。

第二に、形式的に言うと、法学書のほとんどすべては解説的に書かれており、直接法学的能力の訓練を目的とする形で書かれていない。大学の教育も大部分教説的であって、僅かに演習というような形で直接能力の訓練を目的とした教育が多少行われているにすぎない。

それでは、こうした内容、こうした形式の教育や法学書が、いかにして法学的能力の訓練に役立っているのであろうか。これを理解することは、法学入門者にとって極めて重要であって、さもないと、ややともすると講義や教科書で解説されているものを暗記し、もしくはたかだか理解することが、法学学習の目的であるというような誤解に陥りやすいのである。

七　現在法学教育の大部分は現行法令の解説から成り立っており、法学書も大部分は現行法令の解説に当てられている。これらの解説が現行法令の内容を教えることに役立つのは言うまでもないが、法学教育の見地から考えてそれよりも重要なことは、「解釈」の名の下に法令から法を導き出し、もしくは構成するために使われている「技術」を習得することである。

「解釈」の本質、また「技術」の使い方等については学者のあいだにかなり意見の開きがあって、その詳細を今ここに説くことはできないけれども、解釈技術を体得することは一人前の法律家たり得る最小限度の要件であるから、以下に問題の要点を簡単に説明する。初学者がこの点を一応心得た上で講義を聴いたり教科書を読めば、法学的能力を養う上に非常に役立つと思う。

(1)　先ず第一に知らねばならないことは、法令はすべて解釈を予定して書かれていることである。無論、個々の法規のなかには、普通の国語知識を持っていさえすればその法的意味を正しく理解し得るものもあるけれども、それはむしろ稀な場合であって、法令法規の大部分は解釈を予定して書かれており、解釈を通して初めて法が何であるかを知り得るようにできている。これは初学者にとっては恐らく不可能なことで、法令が完全にできていさえすれば解釈を容れる余地はないように考えるであろう。現にナポレオン皇帝でさえ、彼の民法典に初めて解釈を加えた本を作られた際に、「わが法典失われたり」という嘆声を発したと伝えられているくらいだから、初学者がそう考えやすいのは至極尤もなことである。

ところが、解釈の必要は法令そのものの本質から来るのであって、一見簡単に見える法規でも、解釈を通して初めて、その法的意味がわかるようにできているのが普通である。いわんや、いくつかの法規の組合せでできている法令は、法規相互の間に一定の脈絡をつけて全体が論理的に矛盾のない一つの統一体をなすような仕組で作られているから、法学的素養のある人の解釈を通してのみ、その法令全体の意味も、また一々の法規に含まれている法が何であるかもわかり得るのである。

理解を助けるために一つの例を引くと、刑法第二三五条の「他人ノ財物ヲ窃取シタル者ハ窃盗ノ罪ト為シ十年以下ノ懲役ニ処ス」という規定のように、一見平明に見える法規でさえも、これを実際に起る個々の具体的の事件に当てはめることを目的として解釈してみると、一つ一つの言葉の意味について、例えば「財物」とは何か、「他人ノ財物」とは何か、また「窃取」とは何かというような具合にいちいち疑問が起り、それをどう解釈するかによって、一定の行為が窃盗罪としてこの規定の適用を受けるかどうかが決るようにできているのである。

それでは、どうしていちいち解釈を経なければ法が何であるかが解らないような法規を作るのか、もっと平明に法そのものを法規として書き表すことはできないものであろうか。それは要するに、世の中の出来事が複雑多岐を極めているから、そのすべてを予想してその一々に適用される法を法規にしようとすると、非常に複雑な法規を作らねばならないことになり、また、たとえいかに複雑な法規を作っておいても、世の中のほうが更に一層複雑にできているから、結局法規の予想しない出来事が現れて処置に困ることとなるからである。そこで結局、法規としては単に抽象的な法則を作っておくに止めて、あとは解釈によってそこから複雑な法を導き出すような仕組にするのほかないのである。

法規がかかる性質のものである以上、個々の具体的事実に当てはまるべき法が解釈を待って明らかになるのは已むを得ないことであるのみならず、ときには解釈者の意見によって何が法であるかについての見解が分れることがあり得るのも已むを得ないことで、それほど世の中そのものが、あらかじめいちいち法を明らかにしておくことができないほど複雑にできているのである。

かくのごとく、法規が初めから解釈を予定してできている以上、法規を取り扱う者は解釈によって法を明らかにする技術を心得ていなければならない。そして、その技術の種類およびその使い方については自ずから一定の決りがあり、またいろいろの理論もあるから、法学を学ぶ者は、少なくともそれらを習得して、自ら解釈を通して個々の場合に当てはまるべき法を見出す能力を体得する必要がある。従って、講義を聴いたり教科書を読む際にも、教師や著者が与えている解釈の結論にのみ重きを置くことなく、むしろその結論がいかなる理論により、いかなる技術を通して導き出されたかの経路に留意して、自らの解釈能力の涵養に役立たせる努力をしなければならない。

(2)　次に、初学者として是非とも知っておかなければならないことは、今でも法律家のあいだには「法秩序の完全無欠性」というドグマが力を持っていることである。例えば、裁判官は必ず法によって裁判しなければならない、裁判は必ず法―事実―裁判という三段論法の形式をとらなければならない、しかもその法は常に、必ずあらかじめ存在する、裁判官はその存在する法を見出してそれによって裁判をしなければならない、ということが一般に信ぜられているものである。裁判は必ず法によってなされねばならない、裁判官が法によらずに勝手な裁判をしてはならないということは、法治国における司法の根本原理で、これは誰にも理解できることであるが、そのよるべき法が、いかなる場合にも常に、必ずあらかじめ存在しているというのはどう考えても不合理である。それにもかかわらず、今なお法律家は、一般にいろいろな方法でその不合理を否定し、法秩序は全体として常に完全無欠であって、解釈よろしきを得れば必要な法を必ず見出し得ると主張しているのである。

その方法にはいろいろあるが、そのうち最もよく使われるものは「類推」Analogie である。これは例えば、甲という事実に適用せらるべき法が法規の解釈からはどうしても見出されない場合に、幸い甲と類似した乙に関して法があると、それを類推して甲についても類似の法があるというのである。法がない以上類似の事柄に関する法を類推して類似の法的取扱いをすることそれ自身は、法の基本的理念である公平の見地から考えて、必ずしも不合理ではない。しかし、この場合でも、法があるのではなくして実際の必要から法を作っているにすぎないと考えるほうが合理的であるにもかかわらず、多くの学者はこの当然の理を認めないで、類推を解釈の一手段と考え、これによって法を見出すのだと説いている。

次に、現在行われている多くの教科書を見ると、一方において裁判は必ず既存の法によってなされねばならないと言っていながら、法令の解釈から出てくるのではない法が別にあるということがしばしば書かれている。

その一つは「判例法」であるが、従来一般の考え方によると、裁判は法令により法令を解釈するによって与えられるもので、それ自身法を作るものではない。そうだとすれば、裁判から法が生れる筈はあり得ないし、判例を根拠として裁判するのも、法によって裁判するのだとは言いがたい訳である。それにもかかわらず、判例法の存在は多くの学者の認めるところであり、現に、判例を根拠として裁判を与えている事例も、実際に少なくない。そして、学者は一般にそれを肯定しているが、その理由に関して十分我々を納得せしめるに足るだけの説明が与えられていないのが現在の実情である。

次には、「条理」、もしくは「条理法」という法が別にあって、裁判はそれによって与えても差支えない、更に進んでは、法令の解釈から出てくる法が条理と矛盾する場合には、むしろ条理によって裁判すべきであるというような主張をしている学者も少なくないのであるが、その理論的根拠に至ると、人によってその説くところが必ずしも一でないのみならず、それらの説明の中にも、十分我々の理性を満足せしめるに足るものを多く見出しがたいのが実情である。

八　以上に説明したように、現在法学といわれている学問の大部分は、「何が現行法であるか」の説明に当てられている。そして学者は一般に、これを「解釈法学」と名づけているが、それは法令の解釈を通して法を見出すことが主な仕事になっているためである。しかし、以上の説明でもわかるように、実際には法令の解釈によって法を見出すと言っていながら、実は法を作っていると考えられる事例が稀でないのみならず、場合によっては、全く法令を離れて何が法であるかが説かれていることさえある。そのうえ法令の解釈によって法を見出すといわれている場合でさえも、それによって見出される法が解釈者によって必ずしも一でなく、同じ法規が人々によっていろいろ違って解釈されている場合が少なくない。それでは、一体かくのごとき解釈上の意見の違いはどこから生れてくるのか。

その原因の第一は、広い意味での解釈技術に関する考え方が、人によってかなり違っていることである。その違いは実際上いろいろの形で現れているが、その最も顕著な例としては、或る人々が法令の形式的ないしは論理的解釈を通して法を見出し得る限度を非常に広く考えているのに反して、他の或る人々はそれを比較的狭く考えており、またそれらのなかにもいろいろと程度の差異があるという事実を挙げることができる。つまり、法令解釈の限度を広く考えている人々は、とかく眼の前に置かれている事実の具体的特殊性を無視もしくは軽視して、なるべくすべてを法規の適用範囲に入れてしまおうとする傾向がある。これに反して他の人々は、本来法規はすべて或る型として想定された事実を前提として作られているのだから、たまたま眼の前に置かれた事実がその型の範囲に入れば法規をそのままそれに適用してよいけれども、全くもしくは多少ともその型からはずれた事実にはそのまま法規を適用する訳にゆかない、この場合にはその与えられた事実を解釈者自らが改めて一つの型として考えながら、それに適用せらるべき法を自ら作らなければならないと考えるのである。

次に、解釈上の意見に差異を生ずる第二の原因は、彼ら各自の法的正義観に差異があり得ることである。ここで法的正義観というのは、広く言えば世界観もしくは人生観と言ってもよいが、この場合には、特に法に即して洗練された法律家独得の世界観であって、世間普通にいう世界観とは趣を異にしたものである。一例を挙げると、かつて、電気窃盗を窃盗罪として処罰すべきや否やが問題になったことがある。当時は旧刑法時代で現在の刑法第二四五条に相当する規定がなかった。それにもかかわらず、わが国の裁判官は——前に一言した——「財物」の意味を広く解釈して、窃盗罪の成立を認めたのであるが、同じ頃ドイツの裁判官は窃盗罪の成立を否定したことがある。この場合、電気窃盗を世間普通の意味で正義に反する行為と考えたことは、確かにドイツの場合でも同じであったに違いないのであるが、恐らく彼らは、なるほど電気窃盗は正義に反する行為には違いないけれども、刑法には罪刑法定主義という大切な基本原則がある、そして窃盗罪に関する刑法の規定はもともと普通有体の物を窃取する場合を予定して設けられたものであるから、みだりにこれを有体物以外のものの窃取にまで拡張して解釈することはよろしくない、この場合電気窃盗を罰することも必要かも知れないが、そのために罪刑法定主義を破るのは刑法全体の建前から見て一層よろしくないと考えたに違いないのであって、そこに、彼此《ひし》の裁判官の間に法的正義観の差異があったと言えるのである。

かくのごとく、法的正義観は、個々の場合に裁判官が法規の解釈をするについての態度を決定する上に重要な働きをしている。学者の法規解釈が人によっていろいろ違う原因も、多くの場合、各学者それぞれが違った正義観を持っていることにあると言うことができる。法規解釈が純客観的に、無目的に行われるということは事実あり得ない。解釈は、結局技術であり、手段であるにすぎないのであって、それを使うのは人である。従って、その人がいかなる正義観を持っているかによって解釈が違ってくることがあり得るのは当然のことである。

そうだとすると、いやしくも法学を学ぼうとする者は、単に法規を形式的に解釈する技術を習得するだけでなく、同時にその技術を使うについての指標たるべき法的正義観の涵養に力めなければならない訳であるが、かかる正義観の涵養はどうすればできるのか、現在の法学教育はその点について実際どういうことをしているか。

九 それには、大体三つの方法がとられていると私は思う。

第一は、講義なり教科書で法令の解釈をしてみせている間に、教師や著者は――表面上それを口にしないけれども、実は――それぞれ一定の法的正義観に導かれながら、解釈技術を駆使している。彼らはその正義観を特に一定の形式で表現していないけれども、実際には各自それぞれ一定の正義観を持っているのが当然であって、それが自ずから彼ら各自の解釈態度を決定し、解釈となって現れているのである。だから、学生は解釈の形で法令の知識を与えられている間に、一面、解釈技術を習得すると同時に、他面、知らず知らずの間にその教師なり著者が解釈の指標として持っている法的正義観を教え込まれることとなるのである。

第二は、解釈法学と別に、法哲学というような形で法思想の教育が行われ、その教育を通して法的正義観が理論的に教えられているのが普通である。現在我が国で行われている法哲学の講義においては、先ず第一に法思想史が教えられているのが通例であるが、それは学生に広く法思想の変遷発展した歴史を教えて、彼らが自ずから自己の法思想に批判を加えてその法的正義観を養うことに役立つのである。次には、教師なり著者が自己の抱懐している法的正義観を理論的に展開してみせるのを通例としているが、これによって与えられる思想的訓練が、実際上法令解釈の態度にまで直接影響を及ぼすことは、従来の実情から言うと、むしろ稀である。殊に、法令解釈の具体的体験を持たない学者の法哲学には、そういう傾向が強い。

第三に、明治このかた我が国の法学教育においては、一般に法史学と外国法が教科目に加えられているが、それらが、教育の主要部分をなしている解釈法学といかなる関係に立つかについては、時代によって考え方の変遷が認められるのみならず、現在でも、学者によって考え方が違っているように思われる。理想の法学体系を考えてみれば――後に述べるように――、法史学および比較法学の研究を通して与えられる法および法に関するデータを豊富に持つことは、我々の法に関する視野を広めるとともに、法的思惟を深めることに寄与し、それがやがて解釈法学にも、また立法上にも非常に役立つこととなるのは勿論であるから、これらの研究および教育を、もっと法学全体との関係を考えて根本的に考え直してみる必要があるように思うのである。

以上のように考えてみると、現在我が国の法学は、全体として何となく科学的に体系化されておらない。教育の中心をなしている解釈法学の教育にしても、ただ前々からの伝統を追って行われているだけであって、教育は本来の目的を十分に発揮していないように思われるのである。そして、このことが、特に初学者に法学の学習をむずかしい、もしくはつまらないものと感じさせる原因となり、もしくは法学そのものを非科学的に感じさせる原因になっているのではないかと私は考えている。

四　法のあるべき姿——その理想的体系

十　私は、法学本来のあるべき姿は、もっと科学的なものでなければならないと考えている。現在多くの大学で教えられているいろいろの教科目にしても、それら相互の間に理論的の脈絡をつけて体系立ててみれば、もっと科学の名にふさわしい法学が成り立ち、もっと学生の理性を満足せしめ得るような法学教育が行われ得るのではないかと考えている。

以下にこの点に関する私の考えを素描すると、先ず第一に、法学の中心をなすものは「実用法学」であって、それは解釈法学と立法学とに大別されるが、その両者に通ずる科学としての本質は法政策学である。立法学は一定の政治目的のために、最もその目的に適った法令を作る科学的方法を研究する学であり、解釈法学は個々の具体的事件に適正な法的取扱いを与える科学的方法を研究する学である。科学としての解釈法学は、単に法令を形式的に解釈することを目的とする技術ではなくして、個々の具体的事件に妥当すべき法を創造することを目的としている。表面上単に法規を形式的に解釈しているように見える場合でも、実は法の創造が行われているのであって、創造を必要としない場合は、初めから解釈を要せずして法が明らかな場合にほかならない。いやしくも解釈が行われる場合には、程度の差こそあれ必ず法の創造が行われるのである。無論、法を創造すると言っても、立法によって法規が作られるのとは違う。立法の場合には、適用の対象たるべき不特定の事実を想定して抽象的な法規を作るのに反し、この場合には、与えられたる具体的事件を法的に処理するために必要な、具体的な法を、その必要の限りにおいて作るにすぎない。しかし、その法といえども、もしも他に別の同種の事件があるとすれば、それにも適用されてよいという想定の下に作られるのであって、その意味においては、なお法たる性質を有するということができる。多くの学者は今でも、一般に解釈の法創造性を認めないのを通例としている。そしてその理由として、解釈に法創造性を認めることは三権分立の政治原則を紊《みだ》るものだと言うのであるが、かくのごときは、立法における法規の定立と解釈による法の創造性との差異を理解しないものと言わねばならない。

第二に、法政策学としての実用法学は、一面において「法哲学」によって政策定立の理念と指標とを与えられると同時に、他面においては、「法社会学」によって発見された法に関する社会法則によって政策実現の方法を教えられる。実用法学と法社会学との関係は、たとえて言えば、工科の学問と理科の学問との関係、臨床医学と基礎医学との関係に似ている。技術学としての工科の学問は、一定の文化目的を達するために、自然科学としての物理学や化学によって発見された自然法則を利用する。それと同じように、政策学としての実用法学は、社会科学としての法社会学が発見した法に関する社会法則を利用して、立法や裁判の合理化を図るのである。法哲学は立法、裁判等の法実践にむかって指標を与えるけれども、その指標に従って立法し裁判する実際の動きは、法の社会法則によって制約されるのである。

かくのごとき意味での法社会学は今のところまだ十分に発達していないから、現在では立法者や裁判官が各自の個人的経験や熟練により、または法史学や比較法学の与える個々の知識を手引として立法し、また裁判しているにすぎないけれども、やがて法社会学が段々に発達してゆくにつれて、それによって発見され定立された法の社会法則が、立法上にもまた裁判上にも利用されるようになり、かくして法政策学としての実用法学が段々に科学化するに至るのだと私は考えている。工科の学問にしても臨床医学にしても、自然科学が今のように発達するまでは、専ら工人や医者の個人的経験や熟練によってのみ行われていたのであって、それらの学問が現在のように科学の名にふさわしい学問にまで発達したのは、自然科学の発達によって自然法則を利用することができるようになったからである。法学の場合には、今なおそれと同じ程度に発達した法社会学がないために、実用法学が十分に科学化していないけれども、最近における法史学や比較法学の発達、その他人種学、社会学等の発達は、ようやく法の社会法則の発見を目指す科学としての法社会学の成立を可能ならしめつつある。私は、この科学が、やがて自然科学と同じ程度に実用法学に必要な社会法則を十分提供し得るところまで発達すれば、法学が真に科学の名にふさわしい学問にまで発展し、立法や裁判のごとき法実践が、もっと無駄と無理のない合理的なものになるに違いないと考えている。

（『法律時報』二十三巻四・五号、昭和二十六年四月・五月）

解説 〝役人病〟に対する解毒剤

佐高　信

戦後日本の思想界をリードした丸山眞男は東大法学部の学生時代を振り返って、末弘厳太郎教授の講義(民法第一部)と宮沢俊義教授の講義(憲法)が、自分が法律学に対して抱いていた悪い先入見を一掃してくれた、と語っている。

それは、末弘が「嘘の効用」で述べているように「法律は人間のために存するもの」であることを明らかにし、「合理によって合理の上に」出づる思想を植えつけようとしたからだろう。解釈法律学を第一に考える当時において、それは新鮮な試みだった。ただ、それはそれほど容易なことではなく、一九三五(昭和十)年の丸山が大学二年だったかの時に、羽織袴の右翼の連中が東大の銀杏並木のところに押しかけて来て、法学部長だった末弘に辞職勧告をする騒ぎがあったという。

末弘の思想はあくまでもリベラルであり、フレキシブルだった。そうでなければ、東京(帝国)大学教授が講演で大岡越前守の裁判を取り上げ、それが「人情の機微をうがった名裁判」といわれるのは「嘘」を上手についたからだ、などとは主張しないだろう。

嘘は善いことだとか、悪いことだとかいう論はしばらく別として、大岡越前守が嘘つきの名人であったことは事実です。そうして上手に嘘をつきえてほめられた人です。大岡政談を読んでごらんなさい。当時の法律は、いかにも厳格な動きのとれないやかましいものであった。それをピシピシ厳格に適用すれば、万人を戦慄せしめるに足るだけの法律であった。しかも当時の裁判官はお上の命令であるところの法律をみだりに伸縮して取り扱うことはできぬ。法律は動くべからざるもの、動かすべからざるものであった。この法律のもとで、人情に合致した人間味のある裁判をやることはきわめて困難な事柄です。しかも大岡越前守はそれをあえてしたのです。しかも免職にもならず、世の中の人々にも賞められながら、それをやりえたのです。

法律を社会生活技術と捉え、法律から出発するのではなく、現実から出発しているがゆえに、末弘の説くところは無味乾燥ではなく、このように生き生きしている。

東大法学部在学中に学徒出陣で戦争に行き、戦後戻って末弘の講義を聴いた古館六郎(太平洋興発副社長を最後に退社、曹人という号をもつ俳人としても知られる)は、学生が教室でノートをとると、末弘は怒ったと語る。

「いま、自分が言っていることを、ここで理解してもらいたいんだ。ノートなんかとるな、この場で理解すればいいんだ」

真剣勝負ともいうべきこの姿勢に、古館は深くうたれた。

「これが教育ですよね。私は先生に惚れましたよ。いま、ここでわかってくれ、という教育ですね」

往時をなつかしむ古館の口調は、あくまでも熱っぽい。末弘は学者として象牙の塔にこもるのではなく、中央労働委員会の会長として、現実に深く関わった。だから、ここに収録した時評が書けたし、それが少しも古びていないのも、現実を深くぐっているからだろう。

「嘘の効用」で末弘は「暴政は人を皮肉にする」と指摘し、その理由をこう解く。

「法」をもってすれば何事をも命じうる、風俗、道徳までをも改革しうるという考えは、為政者のとかく抱きやすい思想です。しかし「人間」は彼らの考えるほど、我慢強く、かつ従順なものではありません。「人間」のできることにはだいたい限りがあります。「法」が合理的な根拠なしにその限度を越えた要求をしても、人は決してやすやすとそれに服従するものではありません。もしもその人が、意思の強固な正直者であれば「死」を賭しても「法」と戦います。またもし、その人が利口者であれば――これが多数の例だが――必ず「嘘」に救いを求めます。そうして「法」の適用を避けます。ですから、「法」がむやみと厳重であればあるほど、国民は嘘つきになります。卑屈になります。

平易な語り口で鋭く深奥を抉る。末弘節《ぶし》と言っていい独特のその論調は、ユーモアにあふれ、一度それに触れた者を魅了してやまない。

末弘の「嘘」論は、次のように続く。

子供に「嘘つき」の多いのは親の頑迷な証拠です。国民に「嘘つき」の多いのは、国法の社会事情に適合しない証拠です。その際、親および国家の採るべき態度はみずから反省することでなければなりません。また裁判官のこの際採るべき態度は、むしろ法を改正すべき時がきたのだということを自覚して、いよいよその改正全きを告げるまでは「見て見ぬふり」をし、「嘘」を「嘘」として許容することでなければなりません。

人間は「公平」を要求しつつ同時に「杓子定規」を憎むものといった考察など、法に人間味を注射することを求めた末弘ならではの規定である。

そして、「嘘の効用」は、「活きた法律」教育のために「判例法主義」を、と結ばれる。嘘はケシカランという道徳的リゴリズムからは、「嘘の効用」などというしなやかな発想は生まれない。

「小知恵にとらわれた現代の法律学」でも末弘は、立法者、世の中でいわゆる官僚と称される方々に、世論をばかにするな、と説いている。

なるほど世論は理屈に合わないものです。しかし世の中のことをすべて理屈に合わせようと思えば、しゃくにさわって仕方がなくなる、できない相談だからです。しかしながら、法律は理屈だけで動くものではないと同時に、世論といえども決してばかにすべからざるものである。決して軽視することは許さざるものである。世論は理屈の代表者ではない。しかし世論にはなんともいわれない大きな価値がある。そこに人情の機微に触れた微妙な力強いところがあるのです。それを基礎にして法律を作らないで、どこに人間の気持ちに合う、本当の法律を作りうるか。

丸山眞男の東大同期生で、やはり末弘に学んだのが、のちに「異色官僚」と呼ばれた佐橋滋である。佐橋は城山三郎の小説『官僚たちの夏』(新潮文庫)の主人公、風越信吾のモデルとしても知られる。

佐橋は丸山とともに、直かに末弘の講義を聴いた。いささかならず皮肉な次の「役人学三則」、つまり役人心得三ヵ条を習ったのである。

第一条　およそ役人たらんとする者は、万事につきなるべく広くかつ浅き理解を得ることに努むべく、狭隘なる特殊の事柄に特別の興味をいだきてこれに注意を集中するがごときことなきを要す。

第二条　およそ役人たらんとする者は法規を盾にとりて形式的理屈をいう技術を修得することを要す。

第三条　およそ役人たらんとする者は平素より縄張り根性の涵養に努むることを要す。

第一条について末弘は「いやしくも出世を希望するかぎり、夢にも専門家になってはいけない」と説明している。

第二条については「まず社会があり社会生活があっての法律である、というような考え方は役人にとって禁物である。よき役人はよろしく概念法学流に法規を材料としてなるべく簡単に取り扱えるような概念的範疇を用意すべきである。ひとの迷惑などを考えてはいけない」というアドバイスをつけているが、第三条を含めて、この反語的役人学三則の、本当に言わんとせんところを理解し、役人になってから〝異色官僚〟と呼ばれたのが佐橋滋である。

佐橋こそは、末弘が望んだ官僚だったろう。「役人の頭」に描かれているような呆れた役人に抵抗し、「常識の頭」を失わなかったがゆえに、佐橋は〝異色官僚〟視された。

「役人の頭」の中で、末弘はこう説く。

古来、暴君はしばしばその救治策として「道徳」を命令してみました。そうして人民をして暴君みずからの欲する法に近づかしめようとはかりました。現在わが国の政治家、ことに警察ないし司法に関係している役人の中には、今日なお同じような思想をいだき、法をもって「淳風美俗」をおこそうと考えているものが少なくないようです。しかし、この策が古来一度も成功しなかったこと、ことに近世に至っては全く失敗に終っていることは歴史上きわめて顕著な事実です。

晩年の佐橋に、

「いまの政治をどう思うか」

と水を向けたことがある。

すると、ズバリ、

「政治は昔からよくなかった。政治がいいためしはないんだ」

そして、だから行政がもっとしっかりしなければならないのに、と役人の現状を憂える言葉が続いた。

佐橋については、「特定産業振興臨時措置法」いわゆる「特振法」の時の蛮勇ぶりのみが語られるが、官僚として汲むべき佐橋の特質はそんなところにあるのではない。

むしろ、その一貫した抵抗姿勢にある。

通産省のある後輩は「佐橋さんは通産次官をやめてからの生き方が見事だと思います」と語っていたが、役人生活を終えた後、佐橋はしばらくどこへも天下らなかった。その理由として、彼は次の三つを挙げている。

一、民間会社へ天下っても、今までのスタッフ以上の人材に恵まれて仕事をする可能性も余地もないし、自分が幹部になることで社内の人間の昇進の道を一つ塞ぐことになる。

二、政府出資の公団に入ることは役人の延長のようなものだし、総裁になっても後輩の現職次官に頭を下げなければならなくなるから、俺の性に合わない。

三、国会議員となり、「権力とバッジ」を身につけることは、いまの選挙制度を改めない限り、まっとうなやり方ではできない。また、党利党略、票田のための政策は、自分には向かない。

ワンマン吉田茂の信任厚い白洲次郎が貿易庁長官となり、その威を借りた永山時雄が官房長として権勢をふるっていた時、佐橋は永山に直言して、紙業課長から仙台通産局総務部長にとばされる。彼は出世したいとは思わず、その場その場が墓場だと思って、無法な上司には遠慮なく食ってかかったのである。

あかあかと一本の道とほりたり
たまきはる我が命なりけり

これは斎藤茂吉の歌だが、佐橋は「自分の人生の生き方を示してくれているようで」、この歌が大好きだった。佐橋の役人人生は、末弘の「役人学三則」にすべて反しているように見えるかもしれないが、学生時代、末弘の講義を熱心に聴いた佐橋にとって、末弘の真意がどこにあるかははっきりわかっていた。

小さな縄張り根性などにはとらわれず、つねに自分の是なりと信ずる一本道を、何とかのひとつおぼえのように突き進む自分の生き方こそが、末弘の説くところと合致するのだと信じていたのである。

たとえば戦後まもなく、佐橋が紙業課長の頃に、こんなことがあった。

当時、洋紙は安い公定価格で配給統制をやっていたため、王子製紙などの洋紙メーカーはつくればつくるほど赤字をふやす始末。それで佐橋は、何とか儲けの出る方法を考え、紙を増産させようと、頭をひねった。そして、政府が決めた物動計画、物資需給計画以上に増産したら、その七割を自家使用に認めることにしたのである。そうすれば、「自家使用分」で自由価格のノートをつくったりして儲けることができる。

ところが、これに対して、ノートなどをつくる紙製品業界の組合理事長が、われわれの商権を奪うこうした措置はケシカランと乗り込んできた。しかし、王子製紙などの洋紙メーカーは、これらの業者へ委託加工するのである。商権を圧迫するどころか、伸ばすことになるのではないか。

こう説明しても、利権がからんでいたのか、言うことを聞かない。遂には、理事長名で大臣宛てに、佐橋に対する「辞職勧告書」が出された。

それにも怯まず、佐橋は上野精養軒に全国の紙製品業界の代表三百五十人ほどを集め、理事長との公開討論をやる。そして、理事長の言い分が正しいという結論が出たら、私はやめるが、私の意見が正しいと思ったら、直ちに理事長をクビにせよ、と迫った。

討論は延々三時間。

理事長は「佐橋がどんなにエラそうなことを言っても、たかが一年半の紙業課長に何がわかる。オレは三十年もやっているんだ」といった調子だった。

これに対して佐橋は「自分の利益だけを考えてやるのと、天下国家を考えてやるのとではまったく違う」と反論する。

討論の後、三十分休憩して票決となったが、全会一致で理事長解任。

官僚が担当業界とケンカして公開討論までやったのは、おそらく通産省始まって以来ないだろう、と佐橋は述懐した。

「ぼくは役人のときにいばりくさっていたように思われていますけど、そういうふうにとられるのはちょっと心外で、エライ人に頭を下げなかっただけです。あとはとにかく自分の部下であろうと何であろうと、これはまったく気分的に対等であって、民間の言うことでも役人の言うことでも対等で聞いた」

佐橋は、哲学者の久野収との対談でこう〝弁明〟している。

佐橋は、生まれ故郷の岐阜県土岐郡泉町(現在の土岐市)で、九十歳を過ぎてからも現役の写真師として働いた父親を庶民の原像としてもっていた。

佐橋は人事をやる秘書課長になってから、「大学の成績あるいは高等文官試験というようなものと、官吏として有能であるかどうかということは関係がないという簡単な事実を発見した」というが、学校の成績はいいけれども判断力や責任感に欠けるエリート官僚を、佐橋は自分の父親に比して少しも優秀だとは思わなかったのである。

官僚が「いばる」ことについては、元大蔵官僚の今井一男が戦後まもなく出した『官僚』の中で率直にこう告白している。

役人の魅力は、何といってもあのいばれるところにある。この「いばる」ということは、何よりも人間の優越感を満足させてくれるものである。よほどの聖人でもないかぎり、人から頭をさげられて、悪い気持ちのする者はいない。いまの世の中に、そんな人がいたら、むしろその方が変人であろう。こちらを電信柱と思っておじぎをしているのであっても、赤い舌のみえないかぎりは、人をいい気持ちにさせるのが常である。

そして今井は、地方の出先官庁に勤めていた時のことを語る。そこにある横柄な男がいて、外部から怒鳴りこまれた。相手の勢いが凄かったので、ちょっとへこたれたが、その男はこう開き直った。

「こんな安月給で、だれがすき好んで役人なんぞになりますか。ただ、いばれるからですよ。何か悪いことでも、しでかしたというのならともかく、少々いばりすぎたぐらいなら、大目にみて下さらなけりゃ困りますよ」

そうすると、「それもそうだ」ということになって、スンナリ引き下がってもらえたということだが、現在は大分違っているし、問題は「いばること」が「悪いこと」につながりやすいということである。いばっているうちに自分なら何をやっても許されるといった心情になってしまう。今井の本には、夫人まで何々省何々局長の妻と刷りこんだ名刺を配って歩いた例が紹介されている。

また、ある小官庁の長は、新年早々、部下を整列させて訓示をし、最後に、「近ごろは礼儀をわきまえぬ役人がふえてはなはだ遺憾である。自分のところへデパートの特価品を歳暮に持って来た者さえいる」

と言ったとか。

これを「昔の問題」と片づけることはできないだろう。大蔵官僚をはじめ、ほとんどすべての省庁の官僚たちが接待汚職にまみれていたことが発覚したのは、つい最近だった。

その一人の大蔵省元主計局次長（現在、京セラ勤務）中島義雄は、二十四歳の時、『展望』の一九六六年七月号に掲載された「丸山眞男氏をかこんで」という座談会に出ている。中島は丸山ゼミのOBだった。

他に、やはり、丸山ゼミ出身の毎日新聞記者、内藤国夫が出ているが、そこで中島はこう発言している。

「大蔵省に入ってみると、いろんなタイプの人がいて、それぞれの職業倫理をもってやっているという感じを受けました。マージャンをやってよく遊ぶことは遊んでいますが、判断的な仕事をしなければならないので、責任感や精神的緊張が維持されているんですね。もっともぼくらはまだコピーをとったり廊下を走ったりで、職業人としてのジレンマに当面するような仕事をしているわけじゃないから、学生の感じで発言しているんですが……」

こう述べた中島に、丸山が、

「知性ということにはいろいろな意味がありますが、大事な条件の一つは他者を内在的に理解する能力です。つまり自分とまったくちがった世界に生きている人の考え方をそれなりに、つまりけしからんとか、なってないという気持ちと別に、理解する能力が、かつての秀才だった高級官僚にどこまであるか、これはかなり疑問ですね。たとえば『世界』に載っている政治論文を読んだら、縁なき衆生ぐらいにしか思わないのじゃないか。もっとも逆に、いわゆる反体制の側にも同じようなことがいえるかもしれないが……。日本の役人は、大体陳情を適当に受けて処理する能力は非常にある。（笑い）」

と危惧の念を披瀝している。

それにしても、この座談会は中島に焦点を当てた場合、恐ろしいまでに予言的だった。

「理念的な価値観が最後のところにないといけないというのは、ぼくなどもぼくなりに分かる気がするんですが、やはり自分の価値観は錯綜する状況の中で自分が選択したものだという相対性の感覚が欠けて、固定化され神聖化されると、現実の中では空転すると思うのですが……」

こう語った中島が、固定化というより惰性化した「役人の頭」でスキャンダルまみれになり、大蔵省をやめざるをえなくなるのは、それから三十年後だった。

中島は丸山眞男を「縁なき衆生」に近い存在として位置づけたところから転落した。末弘の講義に熱中した丸山は、多分、ここに収められた時評も愛読したに違いない。末弘の柔軟な思考に支えられた巧みなレトリックは、〝役人病〟に対する何よりの解毒剤である。官僚を何年も続けている者にこそ、これは特効薬となるかもしれない。

この本が読めなくなった時、官僚は中島義雄や田谷広明(元東京税関長)、あるいは長野厖士(元証券局長)や杉井孝(元銀行局審議官)らのスキャンダル官僚と同じ道をたどるのである。彼らの頭には、パブリックはなかった。

（経済評論家）

本書は、岩波現代文庫のために編集された。

初出で旧漢字・旧仮名づかいのものは、新字・新仮名づかいに改めた。校正・編集作業上、『末弘著作集Ⅰ・Ⅳ・Ⅴ』(日本評論社刊)、川島武宜編『嘘の効用(上・下)』(冨山房百科文庫)を参照した。

役人学三則

2000 年 2 月 16 日　第 1 刷発行
2001 年 1 月 10 日　第 4 刷発行

著　者　末弘厳太郎《すえひろいずたろう》

発行者　大塚信一

発行所　株式会社 岩波書店
〒101-8002 東京都千代田区一ツ橋 2-5-5

電　話　案内 03-5210-4000　営業部 03-5210-4111
現代文庫編集部 03-5210-4136
http://www.iwanami.co.jp/

印刷・精興社　製本・中永製本

ISBN 4-00-603007-X　　Printed in Japan

岩波現代文庫の発足に際して

新しい世紀が目前に迫っている。しかし二〇世紀は、戦争、貧困、差別と抑圧、民族間の憎悪等に対して本質的な解決策を見いだすことができなかったばかりか、文明の名による自然破壊は人類の存続を脅かすまでに拡大した。一方、第二次大戦後より半世紀余の間、ひたすら追い求めてきた物質的豊かさが必ずしも真の幸福に直結せず、むしろ社会のありかたを歪め、人間精神の荒廃をもたらすという逆説を、われわれは人類史上はじめて痛切に体験した。

それゆえ先人たちが第二次世界大戦後の諸問題といかに取り組み、思考し、解決を模索したかの軌跡を読みとくことは、今日の緊急の課題であるにとどまらず、将来にわたって必須の知的営為となるはずである。幸いわれわれの前には、この時代の様ざまな葛藤から生まれた、人文、社会、自然諸科学をはじめ、文学作品、ヒューマン・ドキュメントにいたる広範な分野のすぐれた成果の蓄積が存在する。

岩波現代文庫は、これらの学問的、文芸的な達成を、日本人の思索に切実な影響を与えた諸外国の著作とともに、厳選して収録し、次代に手渡していこうという目的をもって発刊される。いまや、次々に生起する大小の悲喜劇に対してわれわれは傍観者であることは許されない。一人ひとりが生活と思想を再構築すべき時である。

岩波現代文庫は、戦後日本人の知的自叙伝ともいうべき書物群であり、現状に甘んずることなく困難な事態に正対して、持続的に思考し、未来を拓こうとする同時代人の糧となるであろう。

（二〇〇〇年一月）